30代・ゼロから始める!

「失敗しない」不動産投資

・・・・・・・・・・・・・・・・・・

まずは「月20万、老後月50万円」
入るしくみをつくる!

ビーエフエステート株式会社
代表取締役 笠原 翔 著
Sho Kasahara

彩流社

はじめに

本書を手に取っていただき、ありがとうございます。

あなたは、時代が変わっても、労働に追われることなく収入を得る術を持っていますか?

もし、将来的に年金を受給できなくなっても、定年を迎えても、収入を得続けるための対策をしているでしょうか?

これからは、働かなくても得られる「不労所得」を、誰もが意識すべき時代です。

そのための方法として、もっとも取り組みやすいのが、不動産投資だと、わたしは考えています。

「将来が不透明な時代」と叫ばれるようになった昨今。

1990年代のバブル崩壊以来の「失われた30年」の間に、預金金利は低下し、経済も株価も不安定な時期を何度も通りすぎてきました。わたしよりも少し上の世代の方々のなかには、リーマンショックによって大きな損失を被った人も少なくないでしょう。

さらに2011年の震災、2020年からのコロナ禍と、予想外の出来事が次々に起こっています。これが、「将来が不透明な時代」と言われる所以でしょう。

一方で、確実に見えているものもあります。

それは、日本の少子高齢化が急速に進んでいることです。

長生きする人が多くなって高齢化が進めば、国から長い期間にわたって年金をもらう人が増えます。さらに、出生率が下がって少子化が進行することで、年金の原資を負担する人が減っていきます。

この図式がさらに進んでいけば、財源が厳しくなり、年金をもらえる年齢が繰り下がったり、もらえる額が減っていったりすると考えるのは、自然なことでしょう。

資産運用の必要性や重要性がネットを中心に強く叫ばれ、「お金」に関する書籍も数多く出版されるようになったのは、将来に対するお金への不安が強くなっていることのあらわれではないでしょうか。

「老後、年金はどれくらいもらえるのだろうか…?」

「現在の貯蓄で、この先生活していけるのだろうか…?」

といった若いビジネスマンの心配は、尽きることがありません。

「老後2000万円問題」という言葉も、度々話題になっています。

今や、会社や社会に頼らず、自分自身で何か手を打たなくてはならない時代です。

受け身の姿勢で会社や社会にぶら下がり、ただ老後の暮らしを不安に思っているよりも、自分自身で何らかのしくみを構築していくべきではないでしょうか。

あなたは老後、国の年金だけで満足できる暮らしができますか?

お金を気にせず旅行へ行ったり、孫にプレゼントを買ってあげたり…といった将来の豊かな生活を実現するためには、今すぐ動き始めなければいけません。

わたし自身、20代の頃から不動産投資はもちろん、経営者としてさまざまな事業を展開してきました。

本書では、これまでの投資家および経営者としての知識や経験を元に、主に30代、40代の方々に向けて、不動産投資で失敗しないための、正しい・必要最低限の知識を紹介していきます。

まず「ここだけは押さえてほしい」ということ、誰にでも取り組めることを厳選しました。

本書をきっかけに、輝かしい未来に向けて一歩踏み出す方がひとりでも増えれば、とてもうれしく思います。

２０２２年　晩秋　南青山のオフィスにて　笠原　翔

30代・ゼロから始める！「失敗しない」不動産投資　目次

第3章 「失敗しない」不動産投資のためにかならず押さえるべきこと

第4章　物件選びのポイントは？

第5章　不動産投資を始めよう！

第1章

自分の老後は“今の自分”次第！

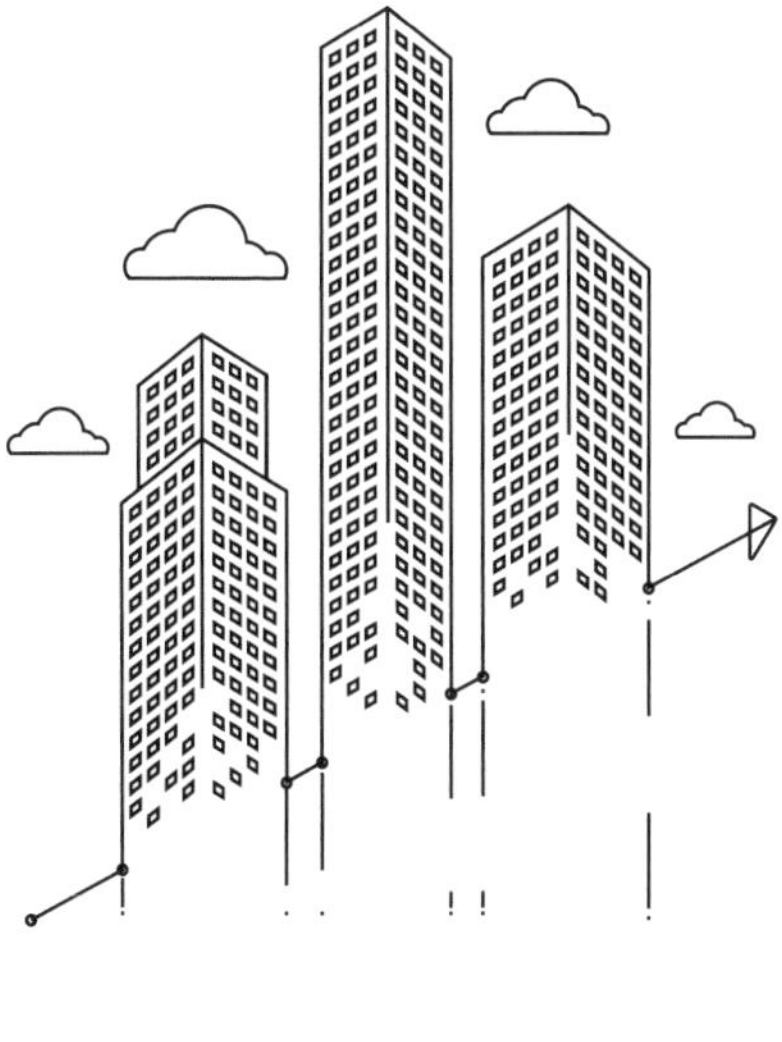

あなたの老後、心配ではありませんか？

年収が高い人ほど要注意

数年前に、「老後2000万円問題」が話題になったのを覚えている人は多いでしょう。

もっとも、この言葉だけを信じて、

「みんな、老後に2000万円足りなくなる！」

とただ不安に思うのは誤りです。

これは、平均的な高齢・無職世帯の平均収入と平均支出の差額が月5万5000円で、その状態が30年間続けば、「5・5万円×12ヵ月×30年＝1980万円のマイナス」になるという金融庁の2019年の報告がひとり歩きしたものです。すべての人に当てはまるものではありません。

だからと言って、

「じゃあ、安心だ！」

と終わらせてしまうのも早計です。

大切なのは、

「自分はどうなのか」

を考えることです。

たとえば、年収が高い現役世代の人。

じつは、年収の高い人ほど老後に破綻するリスクがある、とも言えるのです。

なぜなら、年金収入だけで暮らすことになったときには、現役時代と比べて収入は大きく下がります。でも、そのときになって、収入に見合ったところまで生活水準を下げられるでしょうか？

もしかすると、先ほどの「平均支出」よりも高い支出になるかもしれません。

そのときに十分な貯蓄がなければ、生活が破綻してしまうことも考えられます。

数十年後の老後は、「今」考えなければ間に合わないかもしれない

決して脅かしているわけではありません。

多くの会社には退職金制度があり、退職するまでに貯めた貯蓄と退職金で、収入と支出の差額を埋めていける人も少なくないでしょう。


でも、国が発表している統計を見ても、現在は退職金が減少傾向にあります。

それどころか、退職金制度のある会社も年々少なくなってきています。

制度自体も、会社（正確には会社が契約した運用先）が運用してくれる「確定給付型年金」から、会社員自らが資産運用をする「確定拠出型年金」への移行も進んでいます。老後に向けた貯蓄を自ら増やし、自ら運用するという、「自己責任」の時代になっていると言えます。


しかも、年金収入が今のレベルを維持できるのかも不安ですね。

公的年金は、働く世代がリタイアした世代の年金を負担している構図なので、「少子高齢化で年金を負担する人が減れば、今の年金額が維持できるのか？」と考えるのは、自然なことです。

日本人がますます長生きになっていることも、不安材料ではないでしょうか。長生きすることは、もちろん素敵なことです。健康で長生きする人が、ひとりでも多くなれば、それに越したことはありません。

ただ、その分の蓄えも必要ですし、病気や要介護の可能性も考えておいたほうがいいでしょう。

「人生１００年時代」と言いますが、１００歳まで健康で働き続け、収入を得ることは困難です。年齢を重ねれば、どうしても身体の不調が出やすくなりますし、その分の医療費もかかってきます。

多くの若い世代の人は、

「まだまだ先の話。今考えなくても…」

と思っているでしょう。ただ、いざ老後を迎えてからでは間に合わない可能性もあるのです。

「私設年金」に興味を持ってほしい

わたしは、お客様に不動産投資のご案内をする会社を経営しています。

わたしの元を訪れるお客様には会社員の方が多いのですが、今キャッシュフローを増やすことを目的として、不動産投資を希望する人がほとんどです。

もちろん、「今」の収入を増やし、生活を豊かにしたり、先々のお子様の教育費をつくったりするのは素敵なことですし、大切なことです。

一方で、不動産投資の大きな目的には、前にお話ししたような年金支給額の減少といった老後の心配を解消することもあります。

老後を迎えたときに、年金の支給額がいくらになっているか、何歳からもらえるのか、そもそも年金がもらえるのかは不透明です（制度自体はなくならないとは思いますが…）。

そこで、わたしはお客様に、

「『私設年金』をつくっていきましょう」

とお伝えしています。

老後のことは置いておき、今の年収を上げたいと考えて不動産投資を行っても構いません。

それでもわたしは、今まで興味を持っていなかった人に対して「私設年金」の喚起をしていきたいと考えています。

定年後も不労所得があることで、心にもお財布にもゆとりのある生活を送りやすくなるでしょう。

資産運用の重要性：30歳代から始めなければならないこと

30代と言わず、早ければ早いほどいい

前にお話ししたとおり、「人生100年時代」と言われて久しいですね。

これは、若いうちに老後を考えて資産形成を始めておくべきだということも意味しています。

なぜなら、サラリーマンが定年を迎えて年金生活になれば、現役時代よりも確実に収入が下がるうえに、病気のリスクも高まりますし、介護状態にでもなれば、支出が拡大する可能性もあるからです。

生活のレベルを維持しながら、医療・介護に対応できる状況をつくるには、十分な貯蓄を持ちながら、貯金を切り崩して生活するか、プラスアルファの収入を得られる

ようにしておく必要があるでしょう。

貯蓄を増やす、もしくは年金プラスアルファの収入を得るためにおすすめなのが、不動産投資です。

不動産投資のいいところは、家賃収入、いわゆる不労所得を得られること（インカムゲイン）と、売却することによって資産の増加が期待できることです（キャピタルゲイン）。

特に年金生活者にとって、安定した不労所得はとてもありがたいものでしょう。

30代から始めなければならないことの最優先事項は、不動産投資です。でも、始められるのであれば、早ければ早いほどおすすめです。

職種によっても異なりますが、順調な人は22歳で大学を卒業し、就職して3年ほど経った時点で、不動産投資ができる状況になります。実際に、早い人では20歳代後半から購入している人もいます。わたしは、

「少なくとも30歳代になったら、かならず始めたほうがいい」

とお伝えしているのですが、それは融資の期間と関係しているからです。

年金が始まる頃にローン返済が終わっている状態が理想的

投資用不動産は、金融機関からの融資を受けて購入する人がほとんどであり、融資の期間は最大で35年になります。もっと短い期間で借りることもできるかもしれませんが、長い返済期間でローンを組まなければ、毎回の返済額が増えてキャッシュフローがマイナスになり、賃貸経営が回らなくなってしまう可能性があるので、要注意です。ローンの返済をしながらプラスのキャッシュフローをより確実に得るには、25〜35年の期間で融資を受ける必要性があるのです。

仮に30歳で35年のローンを組めば、返済が完了するのは65歳。

今の制度では年金が支給され始める年齢であり、サラリーマンの方は引退する時期でもあります。お話ししたとおり、年金生活になれば現役時代よりも収入が下がるので、より多くのキャッシュフローを得るにはローンの返済を早く終わらせておいたほうがいいでしょう。

また、ローンの完済年齢の上限を81歳にしている金融機関が多いので、年齢が上がりすぎてしまえば長期のローンが組めなくなり、投資用物件の選択肢が狭まってしまいます。


確かに40歳から不動産投資を始めても、制度上は35年のローンを組むことができるかもしれません。でも、年金生活になったときのことを考えれば、ローン返済がない状態で家賃収入を得られたほうがいいでしょう。

30歳代から始めなければいけないのは資産形成であり、特におすすめなのが、不動産投資であると言えます。

自ら体験したからこそ、不動産投資を伝えていきたい

わたしが不動産投資を始めたきっかけは、もともと不動産投資に興味があったからではなく、宅地建物取引士の資格を取得し、不動産会社に就職したことです。

わたしの性分として、

「誰かにおすすめするには、まず自分が体験しなければ」

というものがあります。

そして28歳のときに、約1億円の1棟マンションを購入しました。

実際に投資を始めてみると、不労所得、つまり自分自身が働く会社とは別の副業で収入を上げられることに魅力を感じるようになったのです。


自分でさまざまなビジネスを手掛けてきたからこそわかるのですが、不動産投資はもっとも手堅く収入を得られる手段です。

本書では、わたしの会社経営者としての視線、収益不動産のオーナーとしての経験から、不動産投資の具体的な「コツ」を伝授したいと思います。

投資用不動産を資産に組み込む意義

「大家さん」になるのは、決してハードルは高くない

資産運用と言えば、まず「株式」を思い浮かべる人が多いのではないでしょうか。でも、「株は怖い、損をする」というイメージが強いため、資産運用そのものを敬遠してしまっている人は多いのかもしれません。

一般的に株式投資は、「ハイリスク・ハイリターン」と言われています。株式投資は、企業の成長によって株価が上昇したところで売却する「売却益（キャピタルゲイン）」を主な目的として行われますが、業績が悪化すれば株価は下がりますし、倒産してしまえば株式の価値そのものがゼロになり、大損をしてしまいます。

株式投資が怖いと多くの人から思われるのは、おそらくそのためです。

一方で不動産投資は、アパートやマンション、戸建てを賃貸に出すもので、ひと言で言えば「大家さん」業です。

未経験の人からすればハードルが高く感じるかもしれませんが、じつは株式よりも安定していて、投資の世界では「ミドルリスク・ミドルリターン」と見られているのです。ただし、わたしは「ローリスク・ミドルリターン」と考えています。その理由は、第2章で説明しますね。

前にもお話ししましたが、不動産投資の収益には、安く買い・高く売ることによる売却益（キャピタルゲイン）と、賃料収入（インカムゲイン）があります。不動産の価格が将来どうなるのかを予想するのは難しいので、不動産投資では賃料収入（インカムゲイン）が中心であると考えたほうがいいでしょう。

賃料は変動が小さく、安定して収入を得られることが多いので、株式と比較して不動産投資のリスクは低いと考えられています。

「レバレッジ（少ない手元資金で多額の運用）」が不動産投資の特徴

不動産投資のいいところは、不動産投資ローンを活用することで「レバレッジ」をかけて投資を行えることです。

レバレッジというのは、「てこの原理」を意味します。

小さな力で大きな効果をもたらすことができる、つまり、金融の世界では、少ない手元資金で多額の運用ができるということです。

たとえば1000万円を手元から出して、9000万円を金融機関から借りれば、手元資金の10倍の1億円の物件を買うことができます。自分の手元資金以上の大きな投資をできるのが、不動産投資です。

投資額が大きくなれば、大きな収益が期待できるのです。

一方で株式投資は、「現物取引」が基本です。

つまり、1000万円をそのまま投資して、1000万円分の株式を購入することになります。

元手に対して数倍の取引ができる「信用取引」もありますが、信用取引はリスクが非常に高く、しかも一般的には証券会社に預けた「証拠金」の3倍程度までしか株式に投資することができません。


このように見ていけば、投資用不動産を資産に組み込む意義は大きいと考えられるのではないでしょうか。

手元資産以上の投資を可能とし、変動の少ない賃料収入（インカムゲイン）を得て、タイミングを見計らって売却益（キャピタルゲイン）を手にする。

不動産投資は、確かな資産形成を考えるうえで、「始めやすい」「利益が出やすい」ところが、大きな特徴です。

不動産投資は「私設年金」である

公的年金に依存しない生き方を

これまでにもお話ししたとおり、不動産投資ローンは、25~35年と長い期間組むことができます。長く組むことで毎回の返済額を低く設定できて、キャッシュフローを得ることが期待できるのです。

わたし自身の話をすると、28歳のときにはじめて購入した物件では、35年でローンを組みました。月の返済が35万円ほどで、20万円ほどのキャッシュフローが出ています。

つまり、60歳を超えて老後を迎える前には返済が終わり、その頃には月に55万円ほどのキャッシュフローを得られる状態になっている計算になります。

もちろん建物は劣化するので、建て直しをして新築にするのか、家賃が下がった状態でそのまま貸し続けるのかという選択も必要になりますが、少なく見積もっても老後には40〜50万円は入ってくるものと考えています。

これは、購入をしたときから計画していたことです。

つまり、ひとつのテーマである「私設年金」をつくることで、将来に安心感を持つことができると考えていたのです。

わたし自身、公的年金に頼ろうとは思っていません。

年金は、現役世代の年金保険料が老後世代に渡るしくみです。

少子高齢化を考えれば、わたしが老後に年金でもらえる金額はたかが知れています。

今の時点でそのことに気づけているかが、重要なことではないでしょうか。

特に若い人は、危機感を持っておかなければ大変なことになるでしょう。

だからこそ、早い段階で始めたほうがいいのです。

前にお話ししたとおり、40〜50歳代で不動産投資を始めるのではローンを組める期間が減っていきますし、私設年金としての機能も弱くなっていきます。

80歳頃まで返済期間があるのなら、もちろん年金プラスアルファの収入は得られますが、私設年金としてのメリットも小さくなってしまうでしょう。

一方、30代で25〜35年のローンを組んでおけば、60〜65歳のリタイア時には、返済が完了しています。

つまり、より多くのキャッシュフローを得ることができるので、私設年金としてのメリットをフルに享受することができるわけです。

不動産投資は少しでも早く始めること、つまりローンを組めるうちに、少しでも早く組んでいたほうがいい、ということです。

ローンを組むならサラリーマンのうちに

金融機関は、サラリーマンよりも個人事業主や会社経営者に対する融資に厳しくなりがちです。

「安定性が低い」と見ているからでしょう。

この点についてはさまざまなご意見があるとは思いますが、日本では、まだサラリーマンのほうがローンを組みやすい傾向があります。

最近は、独立して個人事業主になったり会社経営者になったりするケースが増えています。

独立・起業を考えている公務員や企業、特に上場企業にお勤めの人は、現在の信用力を活用して、辞める前にローンを組んで、投資用不動産を購入するほうがいいのではないでしょうか。

辞めてしまえば、銀行の信用力が下がってしまうからです。

これは、とても大切なポイントです。

転職や副業、起業といったさまざまな働き方が可能になった昨今。やはり、「大手」「長い勤続年数」「年収」「年齢」「資産」がローン審査のキーワードです。

資産形成を考えるとき、今の働き方でローンを組めるかどうか、冷静に考えましょう。

年収700万円以上の会社員は、不動産投資を考えよう

不動産投資ローンへの銀行の取り組みは、年々厳しくなっている

よく聞かれる質問に、

「不動産投資をするには、年収がいくら以上必要ですか?」

というものがあります。

現在のわたしの答えは、「年収700万円以上」です。

なぜなら今は、銀行のローン審査が厳しくなり、属性(年収、お勤め先、年齢)の条件が上がってしまったからです。

少なくとも年収700万円以上の人でなければ、ローンを借りにくくなっています。

つまり、購入しにくくなっているのです。

以前はローンの条件が柔軟で、さまざまな属性の方でもローンを受けることができましたが、現在はある程度の年収がある会社員でなければ、審査が通りにくくなっているのが実情です。

自己資金・自己資産によって信用力が増すこともある

ただし、これは「年収」という基準だけで見た場合です。

もし年収が多くなくても、自己資金があれば、銀行の信用力が増して、ローンを受けられる可能性があります。

年収と自己資金の関係については、「バランス」がキーワードなのです。

年収が高くても自己資金が少ない人は、購入しにくくなってきています。なぜなら、現在は、物件価格の1~2割の自己資金を出すことが求められることが一般的だからです。

なかには、2000万円ほどの年収があるのに、貯蓄がない人もいます。

株式などで運用しているために「預金」がない人もいますが、そもそも金融資産を持っていない人もいるのです。理由を聞いてみると、ご本人からも、「なぜか、手元にお金が残らないんですよ」という答えが返ってきます。おそらく、高級なマンションに住み、高級な車に乗っているのでしょう。

もちろん、住まいや趣味にお金を使うのは悪いことではないのですが、不動産投資に関しては、自己資金がなければ難しい面があります。

むしろ年収500万円程度で、預金が1000万〜2000万円ある人のほうが、投資不動産を購入しやすいでしょう。堅実に貯金してきた人、相続でお金を受け継いだ人といったふうに、さまざまな人がこのケースに当てはまるのではないでしょうか。こう考えると、「不動産投資」がぐっと身近に感じられませんか?

少し細かい話になりますが、大切なことなので解説しておきます。

たとえば5000万円の物件があったとして、購入するには、その2割の1000

万円が必要です。

それ以外に、諸費用（仲介手数料、ローンの事務手数料、登記費用など）で、物件価格の約7％の350万円がかかります。

これを手元資金で賄うと、合計で1350万円です。


ざっと見積もれば、1500万円程度あれば、5000万円の物件を購入しやすくなると考えていいでしょう。

場合によっては、自己資金が1割でいいこともあります。


なお、相続で不動産を受け継いだ場合、次項でお話しする「共同担保」に入れることで、手元資金を出さずに、すべてを借入で物件購入することもできます。

このように投資家の状況によって変わってはきますが、不動産ローンでは、年収と自己資産（資金、所有する資産）のバランスが大切であると捉えておいてください。

早いうちから始めれば、複数の投資物件を購入し、事業を拡大できる

「共同担保」を活用していけば、手元資金を使わず買い増しできる

不動産投資の理想は、（会社員のリタイアと現在の年金支給開始が65歳なので）65歳で退職をしたときに、年金に加えて不動産投資ローンの返済が終わった状態で家賃収入を得ていくことです。

ですから、35歳で返済期間30年のローンをスタートすれば、ちょうど65歳のときに返済が終わることになります。

ところで、これから不動産投資を始める場合、自己資金として出せる額には限界があります。

ですから、すぐに事業拡大、とはいきません。

でも、早い年齢のうちから始めることで、ローンの返済が進み、借入残高が減っていきますよね。

そうすると、借入残高が物件の価値を下回るタイミングがやってきます。

このときに、所有している物件を「共同担保（別の物件を買うときに、今持っている物件を担保に入れること）」にすることによって、手元資金を投入しなくても、新たな物件を買い増しすることもできます。

これで、キャッシュフローはさらにプラスになるでしょう。

「共同担保」を利用して、手元資金がなくても物件を買える例

シンプルに計算した場合ですが、たとえば30年の融資を受けて1億円の物件を購入し、返済が進んで残債が6000万円に減ったとします。

そのときに、物件に8000万円の価値があれば、8000万円と6000万円の

「共同担保」を利用し、2棟目を手元資金なしで買える例

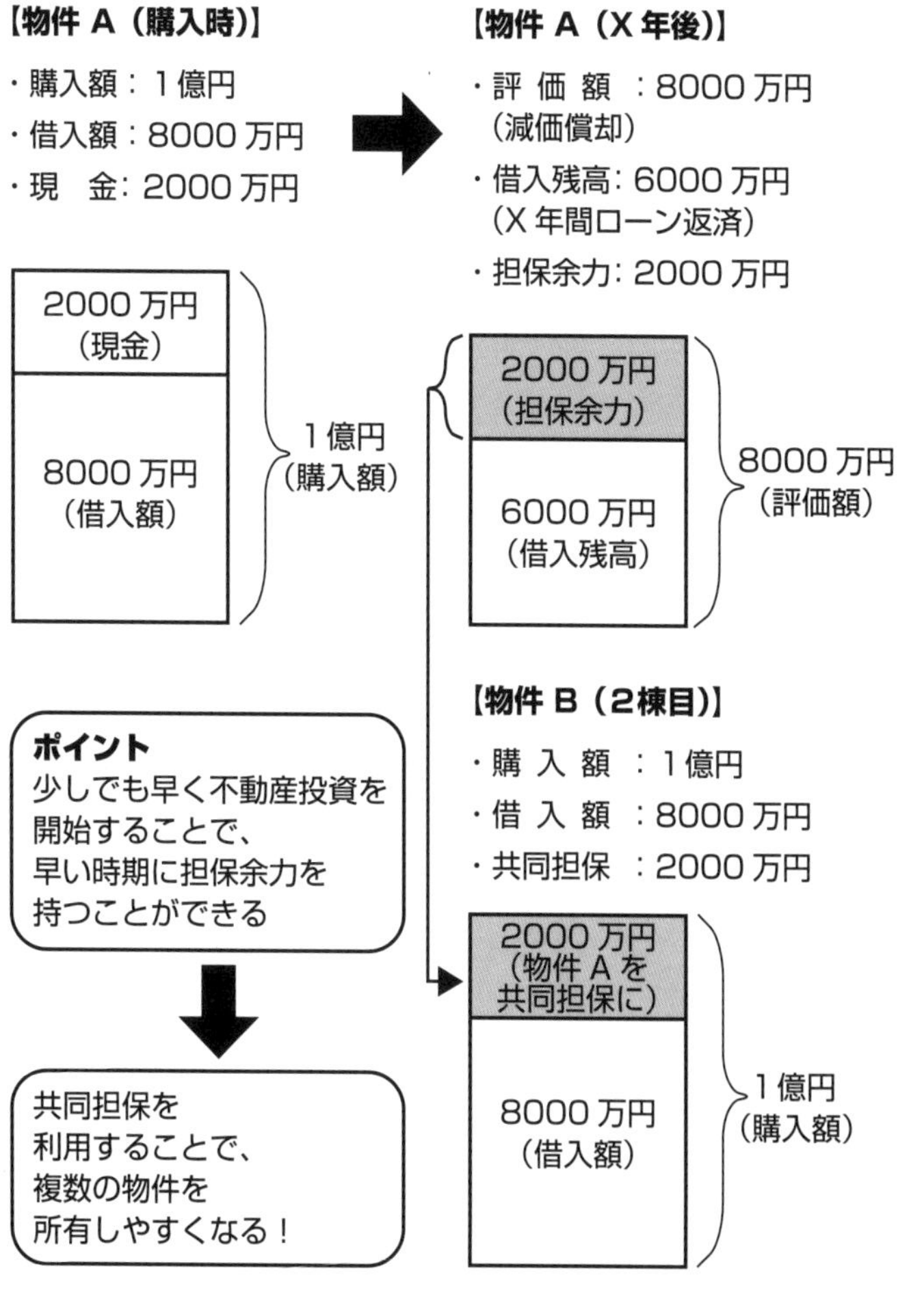
【物件 A（購入時）】
・購入額：1億円
・借入額：8000 万円
・現　金：2000 万円
2000 万円（現金）
8000 万円（借入額）
1億円（購入額）
【物件 A（X 年後）】
・評 価 額　：8000 万円（減価償却）
・借入残高：6000 万円（X 年間ローン返済）
・担保余力：2000 万円
2000 万円（担保余力）
6000 万円（借入残高）
8000 万円（評価額）
ポイント
少しでも早く不動産投資を開始することで、早い時期に担保余力を持つことができる
共同担保を利用することで、複数の物件を所有しやすくなる！
【物件 B（2棟目）】
・購 入 額　：1億円
・借 入 額　：8000 万円
・共同担保　：2000 万円
2000 万円（物件 A を共同担保に）
8000 万円（借入額）
1億円（購入額）

差分である2000万円の担保余力があることになります（時間の経過とともに、建物の価値が目減りしたイメージ）。

本来、自己資金を2割ほど入れるのが一般的なのですが、この2000万円分を共同担保に入れることで、手元資金を使わずに1億円の物件を購入することができるのです。

つまり、「フルローンを組める」ということです（前ページ図参照）。

早いうちから不動産投資を開始する大きなメリットのひとつに、少しでも早くローン返済をすることで複数の物件を所有することができる、という点があります。

所有する物件が増えれば事業が拡大し、賃貸経営もますます安定していくでしょう。

また、所有する物件の築年数が異なれば、修繕の時期が重なる可能性が低くなり、一度に複数の棟の修繕費を用意するリスクも回避できます。

個人事業主や会社経営者も不動産投資ローンは借りられるが…

個人事業主は節税のしすぎに注意

不動産投資ローンを組むには、前にお話ししたとおり会社員が一番有利です。

でも、それ以外の属性の人が借りられないわけではありません。

事業がしっかり成り立っていて、継続性があって、確定申告の所得を抑えすぎていなければ、個人事業主であっても融資が可能なこともちろんあります。

ただ、多くの個人事業主の人は、経費を多く計上して、所得額を落とした形で確定申告をしがちです。

課税所得が100万〜300万円では、融資をしてもらうのは厳しいでしょう。

なおかつ、最低でも3年間は、ある程度の所得があることを求められます。

会社経営者は、融資の審査に会社の決算書を確認される

会社の内容によるところもありますが、会社経営者であれば、不動産投資ローンの審査の際に、会社の決算書を確認されるのが一般的です。

この場合、資産管理法人を設立して、源泉徴収の金額が高ければ、基本的にこの部分を見てもらうようにしてみるのもひとつの方法です。ただ、現状そのようなことに対応してくれる銀行は少ないでしょう。

複数の物件を購入するということは、特に難しくなっています。

このように、会社員でないことでローン審査のハードルが上がりますし、融資を受けられる銀行の幅も狭まってしまうことを、ぜひ知っておいてください。

「ローンを組むならサラリーマンのうちに」のところでもお話ししましたが、さまざまな働き方が可能な現在、「ローンを組むこと」をベースに自らの資産形成と働き方を考えるのも、ひとつの方法ではないでしょうか。

投資用不動産の節税効果とは？

年収1000万円を超えたら節税としての不動産投資を考えてもいい

「不動産投資には節税効果がある」と聞いたことがある人も多いのではないでしょうか。もちろんそのとおりですが、どこまで節税を考えるのかは、個人の見解によるのではないかと感じています。

なぜ不動産投資には節税効果があるのかを、簡単に説明しておきましょう。

副業をしていない会社員の人には節税の手段がありませんので、副業として収益不動産を購入し、さまざまな経費と、「減価償却」というキャッシュが出ていかない経費を計上します。

不動産投資で受け取る家賃は「不動産所得」というものに分類されますが、この不動産所得で出たマイナス分（「収入ー経費＜0」の場合）は、お給料の所得から控除できるので、会社員の人でも税金が安くなるわけです。

これが、不動産投資の節税効果です。キャッシュの出ない経費である減価償却費、不動産所得のマイナスは他の所得から控除できること（損益通算）の2つがポイントです。

もっとも、どれだけの経費を計上するかは、人によるところが大きいでしょう。所得の高くない人が節税をしても、手間の割には効果が薄いからです。目安として年収1000万円を超える人は、節税を動機として不動産投資を考えてみるのもいいのではないでしょうか。

ただ、減価償却費以外の「キャッシュが出ていく経費」を多くすれば、課税所得は減りますが、肝心のキャッシュフローを得られなくなります。手元資金からマイナスを埋めるのでは本末転倒なので、気をつけてくださいね。

第２章

これだけは知っておきたい 不動産投資のしくみ

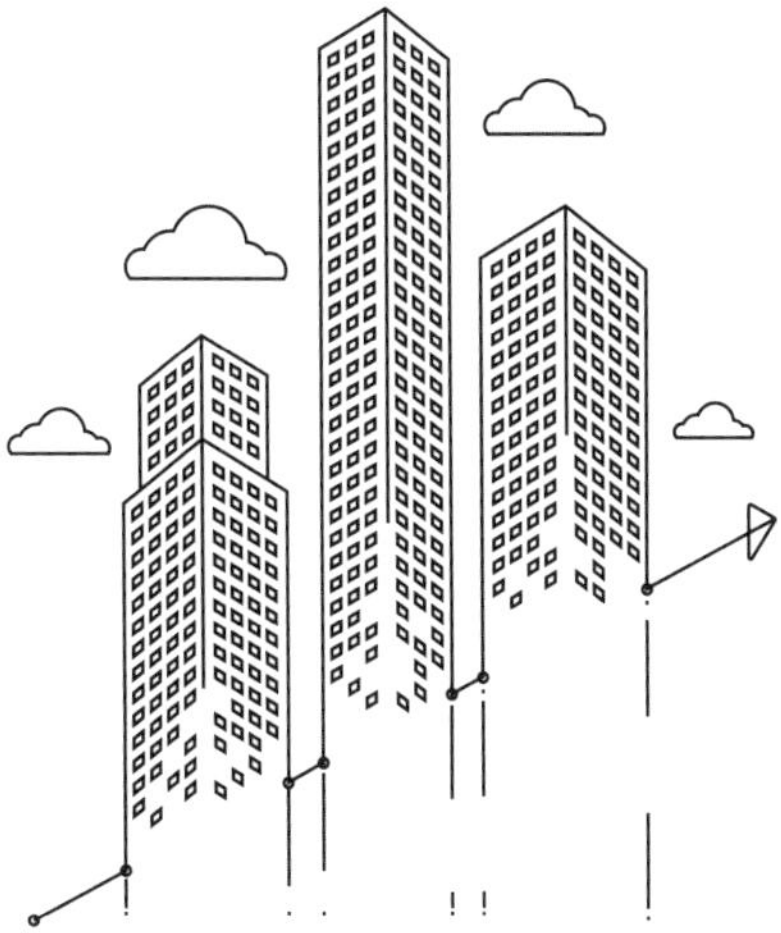

不動産投資とはどういうものか？

不動産投資の主目的は、「キャッシュフローを得ること」

本章では、不動産投資のしくみについて詳しくお話ししていきます。

第1章でもお話ししたとおり、不動産投資はアパートやマンション、戸建てを賃貸に出して賃料収入を得るもので、別の表現をすれば「大家さん」になるものです。

そして、不動産投資における収益には、売ったときの売却益（キャピタルゲイン）と賃料収入（インカムゲイン）があります。個人で不動産投資を行う場合、売却益（キャピタルゲイン）を主な目的とすることはほとんどありません。長期保有して、キャッシュフローを長きにわたって得ていくことが、主目的です。

つまり、この主目的を考えると、「キャッシュフローを得られる物件を持つこと」が、不動産投資において非常に大切なこととなります。

不動産投資によって得られるメリット

第1章で年金の話をしましたが、不動産投資で得ることができるメリットを、改めてお話しします。

数十年勤め上げた会社員であっても、老後受け取れる年金は、月に十数万円です。不動産投資を行うことによって、得られる収入が増えますし、投資用不動産の一室に自ら住むことで、住居が確保されることもメリットと言えます。

また、不動産投資ローンには団体信用生命保険（団信）が付加されていることが多く、団信つきのローンを組めば、生命保険の代わりになります。

つまり、万が一不動産オーナーが亡くなった場合には、ローンが保険で完済されて、残債のない収益物件が遺族に遺されるので、死亡保険と同じ役割を果たしてくれます。

投資用不動産を扱う立場から見れば、生命保険に加入するよりも不動産投資を行い、それを死亡保険の代わりにしたほうがいいのではないかと思うのです。

なぜなら、現物が残りますし、キャッシュフローもあるからです。物件を配偶者や子どもに資産として残したい場合、団体信用生命保険に加入していれば、自分にもしものことがあったときでも保険で残債が完済されます。

つまり、大切な人へ無借金の物件を残せるということです。

月々支払っているお金も、掛け捨てになるわけではなく、不動産に貯金しているとも言えるでしょう。保険を使わずに返済が終われば、不動産資産が残るからです。

もちろん、すぐに解約できる、動かすことができるという意味で、生命保険のほうがいいという考え方も正しいと言えます。

どちらがいいかという選択肢を持ったうえで、選ぶことが大切です。

「いいかも」と思ったら、不動産投資を検討しよう

このように、不動産投資にはさまざまなメリットがあります。

このメリットに気づいていない人がまだまだ多いと思うので、本書を通じて知っていただきたいのです。

「不動産は、自分とは違う世界の話だ」

と感じている人も多いのかもしれません。

不動産のオーナーになる、大家さんになる、賃貸経営をするといったことに、ハードルがあるように感じてしまうのでしょう。

数千万円のものや億単位のものを購入することに、抵抗がある人も多いでしょう。それをリスクと考えるのももっともですが、考えているうちに時間が経ってしまい、チャンスを逃してしまうことも事実です。

メリットやデメリットも知ったうえで、

「いいかもしれない！」

と思ったら、ぜひ不動産投資を検討していただきたいのです。

不動産投資はローリスク、ミドルリターン

不動産投資のリスクは限りなく低くできる

資産運用の目的として、「インフレ対策（物価の上昇に手持ち資産の価値が負けないようにすること）」がよくうたわれるように、わたしは、銀行預金やタンス預金でお金を寝かせておくよりも、お金を動かすことをおすすめしています。

なぜなら、不動産は物価が上がっているときに連動して上がることが多いので、インフレにも強い側面もあるからです。

不動産投資の強みは、株やFXといった金融資産とは違い、「現物」があることです。

建物は時間の経過とともに価値が目減りしますが、将来取り壊されるまでは物理的に

存在します。また、土地に関しては、いくら時間が経ってもなくなることがありません。

第1章でお話ししたとおり、資産運用で言えば、株式が「ハイリスク、ハイリターン」であるのに対して、不動産投資は「ローリスク、ミドルリターン」です。

一般的に不動産投資は「ミドルリスク」と言われますが、わたしは「ローリスク」と考えています。もちろん、リスクがゼロというわけではありませんが、リスクは低く、手堅いものと言えるでしょう。

その理由をお話しします。

不動産投資の最大のリスクは、もちろん空室です。

空室になれば、賃料収入（インカムゲイン）が減るために、キャッシュフローを得られない可能性があります。場合によっては、ローン返済やランニングコストに自腹を切らなければなりません。

ところが、「いい物件」を購入し、空室の可能性を克服できれば、リスクは限りなく低くなります。

その意味で、ローリスクと言えるでしょう。

そして、それなりの収益が入ってくるので、ミドルリターンと言えるのです。

仮に手出しがあっても、物件に貯金していることは変わりません。貯金をしながら残債が減るので、決して無駄なことをしているのではないと思えれば、怖さが減るとは思いませんか？

不動産価格の上下に一喜一憂せず、長い目線を持とう

不動産の値上がり益、すなわち売却益（キャピタルゲイン）についてもお話ししておきましょう。

今は不動産価格が上がっているので、それはそれでいいのですが、わたしは「売却益（キャピタルゲイン）推し」をしていません。

なかには、売却益（キャピタルゲイン）狙いで、転売で儲けようと考えている人もいます。新築のアパートを購入し、半年で転売して、１０００万円以上の収益を得た人もいます。

わたしが持っているファミリータイプの区分マンションも、当時3300万円で購入しましたが、最近の実績では4000万円程度で売却されていたようです。

物件の購入価格は、今のところ上昇局面ではあります。

ただ、しばらくしたら、この状況も落ち着くので、一過性のものと捉えておいたほうがいいと、わたしは考えています。

不動産投資をする場合は、あまり目の前の「上がった」「下がった」という動きに惑わされず、老後の年金をつくるつもりで、中長期的にとらえてみてください。

不動産経営では、賃料収入（インカムゲイン）をメインに考え、売却益（キャピタルゲイン）は時期が合えば考える、くらいに思っておくのがいいのではないでしょうか。

不動産投資は、利益を出しやすい

会社経営と不動産賃貸経営を比較すれば、いかにローリスクかがわかる

投資家の運用方針によって変わってくるのですが、基本的に不動産は、長期で持つものです。将来の「私設年金」を準備する目的を考えれば、長期保有が必要であることは間違いありません。自分の代わりに不動産に働いてもらうのです。

月々20万円ほどの収入が入ってくれば、大卒の初任給程度になります。

人を雇って会社経営をすることと、不動産投資とを比較して考えてみましょう。

わたし自身、いくつかの会社を経営するなかで実感していますが、店舗を構えてランニングコストがかかり、さまざまなリスクもあるなかで、月々20万円以上の利益を

出すことは簡単ではありません。かつて飲食店で、月20万円の利益を出す大変さを経験しました。

人を雇い、育て、伸ばす…。この「教育」の部分は、会社経営においてとても大切ですが、育つまで時間や諸経費がかかります。また、新しい設備の導入や社内環境の整備を行っていると、どうしても支出が多くなってしまうのです。

一方で不動産投資は、ローンを借りて物件を購入できれば安定的な家賃収入があり、大赤字になることもありません。ほぼ何もせず、コンスタントに収入が入ってきます。会社経営をしていると、いろいろな悩みを抱えることも多く、大変な割には期待したほどの収入が入ってこないことも…。もっと多くの収入が入ってくる可能性はあるのですが、いずれにしても、簡単に誰でもできるものではありません。

つまり、対人関係などの悩みを抱えることが少なく、部屋を貸し出すことで収入が入ってくる不動産投資は、ローリスクで、ミドルリターンの安定的な事業なのです。

おすすめしない物件とは？

1棟を買える人が新築区分マンションを買うのはおすすめできない

不動産投資の主目的から考えて、おすすめできない物件があります。

それは、「新築区分マンション」です。

新築の区分マンションは、キャッシュフローが出にくく、優良な物件であってもせいぜい月にプラス5000円程度。空室になったら収入がゼロになってしまうので、結果として収支がマイナスになって、本業の収入や貯蓄から自腹を切らなければいけないことが多いのです。


不動産投資の営業のトークでは、持っておけば生命保険の代わりになる、といったものがよくあります。

ところが、通常でも修繕積立金などで毎月1万〜2万円を出費しなければならず、もし入居者が退去したときには、融資の返済分やランニングコストをすべて自費で支払わなければいけなくなってしまいます。

入居者がいるときには、生命保険を払っているつもりで1万〜2万円の出費を賄うことができても、退去して、月10万円も自腹を切ることになれば、大変です。

支払いができず、信用情報に「ブラックリスト」として載ってしまう人もいるほどです。

新築のように価格設定が高ければ、キャッシュフローは厳しくなる

なぜキャッシュフローが厳しくなるのかと言えば、新築物件は価格設定が高いものが多いからです。これは、販売会社がどれだけ利益を得ているかによって、結果に差が出るところと言えます。

つまり、販売会社と投資家のどちらかが得をして、どちらかが損をする、といった

構図になってしまいやすいのです。

もし区分マンションを購入するのであれば、新築マンションよりも中古マンションをおすすめします。なぜなら、価格が下がっている分、利回りがいいからです。

新築マンションのデメリットには、家賃の下落幅が大きいこともあります。

新築は、まさに「新築相場」なのですが、一方中古マンションは築年数とともに家賃も下がっていくために、下落幅にも限界があるのです。

ヴィンテージマンションのように、その場所に住むこと自体に価値のあるマンションなら、築年数が経過しても需要があるでしょう。でも、単に設備が新しいことを売りにしているマンションは、当然ながら月日とともに設備も劣化していくので、10年～15年後には、需要のない「ハコモノ」になる可能性があります。

このような理由から、新築区分マンションはおすすめできません。売却益（キャピタルゲイン）面で今はたまたま上がっているとしても、手堅くいくなら注意をするべきです。

購入を考えている場合は、よく検討したほうがいいでしょう。

不動産投資のデメリットも知っておこう

3割が空室になってもキャッシュフローがマイナスにならない物件選びを

前にお話ししたとおり、不動産投資の最大のリスクは空室です。空室が出れば、キャッシュフローがマイナスになりかねません。

もうひとつ気をつけたいのが、不動産業者選びです。変な物件を紹介するような業者と付き合わないようにしなければいけません。

たとえば、10室ある1棟の収益物件であれば、通常は空室が3室出たとしても、キャッシュフローがマイナスにはならないものです。

ところが、もともとの物件価格が高い場合、1室が空室になっただけで手元資金を出さなければいけないこともあり得ます。

このような物件を勧めてくる業者には、気をつけましょう。

単に価格が安くて利回りのいい物件がいいのか、利回りが低くても設備の整った物件がいいのか。バランスのいい物件選びが大切です。

本当に居住しているのかを確認する

とある銀行の不動産融資で、悪質な業者から購入した人が返済できなくなってしまったことがあり、大きな社会問題になりました。

空室の偽装問題もありました。銀行に対して、実際に入居しているように見せかけていたのです。

利益のなかに何ヵ月分かの家賃を含めていましたが、半年ほどすると、入居者がぞろぞろと退去してしまいました…。

このように、空室によってローン返済ができなくなってしまうケースもあるのです。

物件を確認するときには、ガス栓が開いているか、ポストに郵便物が溜まっていないかといった細かな点から、本当に人が住んでいるのかを見るようにしましょう。

大規模な修繕が必要かどうかも、大切な確認ポイント

物件修繕のために、想定していない費用が発生する場合があります。

購入する前に費用をかけて、建物の大掛かりな検査をすることもできますが、そこまでしている人はほぼ皆無です。

たとえば外壁に亀裂が入っている、外壁がはがれているといったことを放置すると、雨漏りにつながることがあります。床の防水も、確認しておきましょう。

物件にもよりますが、大規模修繕をしたばかりであることが確認できれば、しばらく修繕はしなくてもいい、といった判断ができるはずです。

ただし、

「大規模修繕をしました」

と言いながらも、できていないこともあるので、本当に修繕したのかどうかは、確認したほうがいいでしょう。

販売図面などにある「修繕履歴」は、要チェックです。

資料の開示を依頼しつつ、不動産会社の対応も見極めよう

実際に、金額が安い業者にお願いすることで、手抜き工事になってしまっていることもあります。物件の購入を検討する際には、大規模修繕の履歴も見せてもらったほうがいいでしょう。

建物の資料について、ある資料は全部もらうようにするのがおすすめです。

たとえば、次の資料は依頼してください。

・謄本・公図・地積測量図
・レントロール（不動産の賃貸借条件の一覧表。部屋番号・賃貸面積とあわせて、家

賃・敷金など、契約日・契約期間などの契約条件が記されている他、賃借人の属性が記載されているものもある）

・修繕履歴

ちなみに、以前のオーナーが履歴をつけていないために、修繕履歴がない物件もあります。むしろ、修繕の履歴をつけているオーナーのほうが少ないかもしれません。

直近で修繕をしているのであれば請求書などでわかりますが、長期間所有していて、いつ、何をした、と丁寧に記録している人は、なかなかいないのが現状です。

不動産投資の経験がない人は、今ここで説明したことや気になったことを、不動産業者に確認してください。

会社の対応もわかり、信用できる業者かどうか見極める材料にもなるはずです。

業者選びや理論武装で結果が変わってくる

マイナスになることを話してくれるか見極めつつ、聞くべきことは聞いてみよう

前の項目でお話ししたとおり、投資用不動産は悪質な業者からは購入しないことが鉄則です。1室空いた程度で自腹を切らなければならないような物件を紹介する業者とのお付き合いは、避けましょう（好立地な物件で、目的がキャッシュフローでない方は例外）。

投資経験が少なければ質問しにくいかもしれませんが、購入する側から聞かなければ、業者は答えてくれないこともあります。

たとえば、

「どのくらい空室になればマイナスですか？」

といったことを、あえて確認してみてください。


弊社では、基本的にシミュレーションをお見せして、どれだけの空室が出たらキャッシュフローがマイナスになるかを事前にお伝えしています。

勉強している人、投資経験のある人なら当然わかっていることですが、何もわからないところから始める人の場合、悪質な業者にうまく利用されてしまうこともあります。強い悪意がなくても、マイナスの話をしないことはあるものです。

地域の需給や賃貸状況、居住期間も確認しよう

せっかく買った物件で想定外の空室を避けるには、ある程度の知識も必要です。

たとえば、「供給過多」の地域の見極めです。

不動産賃貸は、住んでいる人の数（需要）と物件数（供給）が非常に大切であり、アパートやマンションが多すぎて、エリア一帯が空室だらけになっていることも…。

購入を検討している物件は、案内をしてもらって閲覧するときに、周辺の物件の賃貸状況も一緒に確認することが大切です。

絶対に、とは言いませんが、家賃の相場も同時に確認してください。

長く住んでいる人が多い地域は、家賃相場が高くなっているものです。

極端な例ですが、平均家賃が6万円の物件にもかかわらず、10年前くらいから住んでいる人であれば、家賃が10万円ということもあり得ます。

ところが、この人が退去することになったときには、家賃が相場の6万円に下落してしまうということです。

入居期間が長い人がいる場合は、退去によって利回りが下がる可能性もあるので、注意が必要でしょう。

もちろん、長く住んでいる人が多いというのはメリットにもなり得ます。そのメリットを享受する一方で、退去したときのことを想定しておけばいいのです。

この点を理解しておくことで、不測の事態に対処できるようにしておきましょう。

金融機関によって融資の傾向が異なる

銀行の融資基準や姿勢は、かならずしも一定ではない

「銀行であれば、どこでも同じ基準で貸してくれるのでは？」と思う人もいるかもしれませんが、銀行が違えば不動産投資ローンに対する基準が異なりますし、さらに支店が違えば、ローンに対する姿勢も異なります。

たとえば、ある銀行は年収が７００万円以上、ある銀行は年収が１０００万円から１５００万円以上、という基準があります。

ローンに対する姿勢については、フランクに融資をしてくれる金融機関とのお付き合いを増やしていきたいところです。

その他、信用金庫の場合、投資家の自宅や勤務先の近くでなければ取り組みにくいという面があります。

とある信金の特定の支店は、以前であれば、東京に住んでいる人であれば住所がどこであっても融資をしてくれていました。

地方銀行トップの横浜銀行は、物件の積算評価といったところを見てくれます。積算評価額は、土地（路線価×土地の広さ）、建物（構造と再調達価額をかけたもの）の合計額です。つまり、年収よりも物件そのものを重視しており、担保評価額の足りない部分を自己資金で出す形になります。

もちろん総合的な判断をしているはずですが、物件寄りの融資をしていると言えるでしょう。

政府系の日本政策金融公庫は、以前は築年数がいくら古くても、２０００万円まで なら融資期間15～20年で組めるといった商品がありました。

年収が少ない人でも、小さめのアパートを比較的気軽に購入できたということです。

銀行の考え方も、支店長が代われば変わってしまうことがありますし、同じ銀行内でも、支店によって融資の傾向がまったく異なることも珍しくないのです。

金融機関は基本的に築年数を重視する

金融機関の融資年数の基準として「法定耐用年数」というものがあり、鉄筋コンクリートは47年、重量鉄骨は34年、木造の場合は22年と決まっています。

わたしが28歳のときに購入した重量鉄骨の物件は、築年数が28年でした。

単純に、34年から28年を引くと、6年しか融資を受けられないことになります。

ただ、当時のある信用金庫は、法定耐用年数には触れずに35年の融資をしてくれました。

おかげさまで、さまざまな物件をお客様にご提案することができたのですが…残念ながら現在は、築年数が古い物件のご提案をしにくくなっています。

不動産会社に金融機関への口利きを相談するのもいい

投資家によっては、不動産投資ローンを受ける金融機関を自分で見つける人もいますが、お話ししたとおり、金融機関の融資姿勢は流動的です。

また、普段まったくお付き合いのない人よりも、面識のある人、ある程度気心の知れた人のほうがスムーズかもしれません。

ですから、物件を紹介してもらう不動産会社に、どれだけの金融機関へ取り次いでもらえるか、相談してみてはいかがでしょうか。

できる限りスムーズに、少しでも多くの金融機関と交渉できたほうが安心です。

ですから、弊社も常にいくつかの金融機関と関係性を築いているのです。「選択肢の多さ」こそが、さまざまな属性のお客様をフォローできる秘訣です。

「副業禁止」でも、不動産投資はできる!!

就業規則を確認しつつ、ニーズや計画によって方向性を考えよう

最近ではかなり緩和されてきましたが、業務に専念するため、という理由で、副業禁止の企業にお勤めの人も多いのではないでしょうか。

また、公務員も、基本的に副業は法律で禁止されています。

それでは、副業禁止の企業にお勤めの人たちは、不動産投資ができないのでしょうか?

結論から言うと、決してそんなことはありません。

まずはお勤めの会社の就業規則を確認していただきたいのですが、不動産投資に関

しては副業禁止規定にはかからないことが一般的です。また、公務員でも、一定の範囲（「事業的規模」にならない範囲）であれば、不動産投資を行うことができます。

問題があるとすれば、副業を禁止していなくても、法人設立はＮＧにしている場合があることです。禁止事項が会社に知られ、罰則を受けては元も子もないので、慎重に行うようにしましょう。

もしどうしても法人化したい場合は、パートナーに会社（合同会社）を設立してもらう方法もあります。

もちろん節税で個人の所得を抑えたいのであれば、法人化する必要はありませんね。一方で、買い増しをしていきたいのであれば、法人で購入していくのが有利な場合もあります。

ニーズや計画によって、方向性を考えていきましょう。

管理会社はこんなサポートをしてくれる！

管理会社は「購入後」のサポート役

不動産投資は、物件を購入してからが大切です。

たとえば、入居者を募集する、入居希望者を物件へ案内する、契約をする、入居者から敷金・礼金・賃料をもらう、退去があればクリーニングをする、建物などに修繕が必要であれば対応する…。

大家さんには、やるべきことがたくさんあります。

購入する前よりも、購入してからのほうが、専門家のサポートを必要とするのではないでしょうか。
ところが、「購入してもらったら、それで終わり」といった姿勢の不動産会社がたくさんあるのも事実です。

弊社も、購入していただいてからが不動産投資のスタートであると考えているので、お客様に購入していただいたあとは、「管理会社」として責任を持ってサポートしています。

管理会社は、普段本業で忙しいオーナーさんに代わり、集金代行から滞納督促、入居の案内、退去立ち合い、修繕のご提案、更新や新規契約といったことを行っているのです。

オーナーさん自らが管理を行う「自主管理」という方法もありますが、これは想像以上に大変です。
就業中にいきなり入居者から給湯器を直してほしいと言われても、すぐに対応できるオーナーは少ないでしょう。

対応できたとしても、そのあとの修繕にまつわるお金の清算や入居者へのフォローで、多くの時間を費やしてしまいます。

そうこうしているうちに、他の入居者から共用部の電球が切れたと言われたら、それも迅速に対応しなければなりません。

もし本業を持っているのなら、専門家である管理会社の利用をわたしはおすすめします。

管理会社もいろいろなので、不満はきちんと伝えよう

「それなら、管理会社に賃貸管理をお願いすれば安心なのか?」

と聞かれれば、そうともいい切れないところもあります。

実際に、残念ながら管理がいい加減な会社は一定数存在します。

賃料の3~5%の管理手数料が毎月入ってくるので、賃貸管理をしたいと思ってい

る会社はたくさんあるのです。

ちなみに弊社がいただいているのは3％です。安かろう…ではなく、しっかり管理をさせていただいての3％、と思っています。

少し、管理会社の実情をお話ししておきましょう。

ある会社が賃貸管理業務をスタートした場合、はじめは毎月の収入が数万円なので、人材の確保が難しく、現場の巡回や清掃ができていないということが起こりがちです。賃貸管理の業務は、管理の流れができて軌道に乗るまでが大変なのです。

わたしが不動産売買の仲介会社に勤めていた頃は、賃貸管理には携わっていませんでした。

でも、自分で会社を設立してから3年ほど経ったときに、賃貸管理業を開始することに。

はじめのうちは、ご迷惑をおかけすることもありました…。

でも、コツコツと続けているうちに、徐々に形になっていったのです。

賃貸管理業務が収益化するには「人」や「ノウハウ」が必要なので、資金的にも余力がなければ難しいでしょう。

オーナー様も「人」、入居者も「人」、間に入るわたしたちも「人」。ときには感情論をぶつけてくるケースもあります。

でも、やはり人としての誠意、道理で接することが何よりも大切であると実感しています。

不動産投資は「現物」の投資であり、そこには「人」の営みがあります。「人」の営みを円滑に回していくことが、管理会社の責務と言えるでしょう。

もちろん、

「大変だから、ひとつ勘弁してほしい」

と言っているわけではありません。

業務をしっかり行ってくれる管理会社であればいいのですが、不満がある場合には、きちんと管理をするように催促しましょう。

第３章

「失敗しない」不動産投資のためにかならず押さえるべきこと

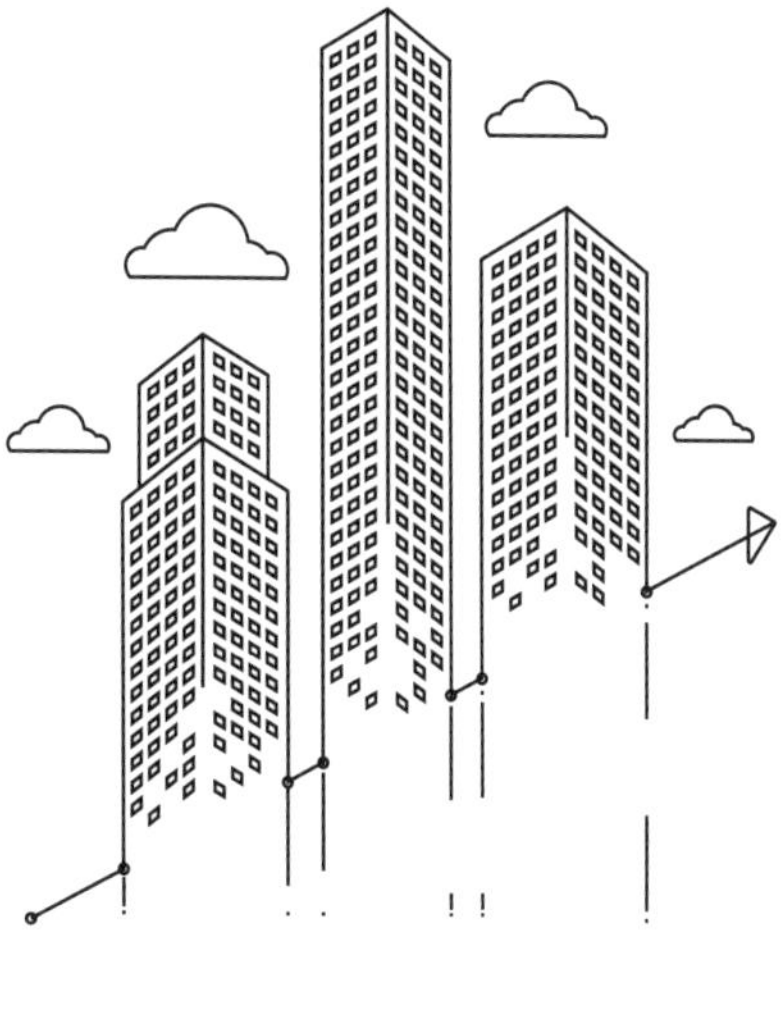

地域、物件から見極めて、「空室リスク」を避ける

空室リスクを避けることが、失敗しないための最大のポイント

本章では、不動産投資で失敗しないためにするべきことをお話ししていきます。

何度かお伝えしているとおり、不動産投資の最大のリスクは「空室」です。

空室が恒常的に起これば、当然ながらキャッシュフローがマイナスになる危険性があるばかりか、ローン返済やランニングコストすべてを手元資金から出さなければいけない事態も起こります。


資金が尽きて、キャッシュフローのマイナス分を埋めることができなければ、そこで賃貸経営は頓挫してしまうでしょう。

ですから、「失敗しない」＝「空室リスクを避ける」と表現してもいいくらいです。

地域の環境から投資物件を見極める

空室リスクを避けるためにできることのひとつに、「地域を見極める」という点があります。

たとえば、物件の周辺やその地域自体に「入居づけの根拠」があるかどうかを把握すること、つまり「〜だから入居づけがしやすい」という根拠を自分なりに見つけることが大切です。

入居づけの根拠の例としては、学校が近いのか、大学があるか、といった、人流の見込める環境かどうかの指標があります。

また、駅に近いことも根拠のひとつになりますが、駅から離れていても近くにバス停があればいい、といった判断もできます。

バス通勤・通学に抵抗のない地域なら、それも入居の根拠づけになり得るのです。

物件の周辺を見てみてください。

賃貸物件が建ちすぎていたり、アパートに空室がたくさんあったりする場合は、供給過多の可能性があります。

前にお話ししたとおり、不動産賃貸では需要と供給のバランスが大きな要素です。需給バランスがとれていないような地域は避けましょう。

物件そのものから、投資物件を見極める

物件そのものを見極めることも、空室リスク対策として大切です。

たとえばファミリータイプの物件で、2LDKの物件が4戸あるにもかかわらず駐車場が3台分しかない場合、空室が出たら次の入居者を入れるのが困難になってしまうでしょう。

これは管理会社選びにも関わる話ですが、管理会社によるリーシング（賃貸物件の客づけのサポート）が重要になってきます。

たとえばゴミが散らかっていたり、共用部の電気が切れていたりすれば、建物のイメージが悪くなってしまいます。

管理会社が定期的に建物を巡回していれば避けられることですが、実際に物件を見たときに管理が行き届いていない場合は、管理会社を替えることもひとつの手です。

不動産投資を絶対に失敗しないためにも、まずはこれらのことを押さえましょう。

入居したくなる物件にする

工夫して入居したくなる物件にする

空室のリスクを避けるための方法として、リフォームやリノベーションがあります。お金をかけることで、入居づけが決まることは多いのです。

ただ、なるべく少ない費用で効果を得るようにしたいものですよね。

弊社で提案しているのは、壁紙を一面だけおしゃれなクロスに変えることです。古い物件では、量産品の真っ白な壁紙が多いのですが、壁の一面のみを貼り替えるだけで、室内の雰囲気がぐっと変わります。

壁の一面だけを替えるのであれば、さほど大きな費用にはなりません。範囲にもよりますが、5万円から10万円といった費用で可能です。

細かいところでは、ライトを替えるという方法もあります。費用が安く、おしゃれなものもあり、入居者がその部屋に居続けたい雰囲気を、ちょっとした工夫で演出できるのです。

「ペット可」の物件にすることも、工夫のひとつです。ペット可の物件は決して多くはないので、希少価値が高いと言えます。

ただ、オーナーさん自身に抵抗があるかもしれませんし、既存の入居者のことも考えたうえで決めたほうがいいでしょう。「小型犬1匹のみOK」「敷金は償却」など、ペット飼育の条件をつければ、鳴き声や原状回復時の問題を防げます。

家具つきの物件にするのもおすすめです。家具を置いた場合、家賃に数千円を上乗せすればいいのではないでしょうか。

住む部屋にあらかじめ家電があれば、気楽にお引越ししやすいですよね。

これならできる、という方法を試してみてください。

管理会社を見極める

管理会社の「リーシング」への取り組みが重要

空室リスクへの対策として、入居をしてもらうための工夫を提案してくれる管理会社なのかどうかという点も、大切なことです。管理会社によっては、残念ながら適当に管理しているように見えることもあります。

たとえば入居のリーシング（賃貸物件の客づけのサポート）について、物件サイトに掲載することさえしない業者もいます。

家賃を下げれば入居者が入るはず、といった提案しかしない業者もいます。

オーナーの立場からすれば、なるべく家賃を下げたくありませんよね。

もちろん、相場よりも高すぎる場合は提案をすることもありますが、家賃を下げるのは、もっとも短絡的で雑な提案ではないでしょうか。

どれだけリーシングをがんばってくれるのかは管理会社によって違ってきますが、できるだけさまざまな媒体に広く掲載してもらうべきです。

物件が紹介されていれば、入居したい人の目に留まりやすくなるので、広く打ち出していったほうが、入居の確率が上がっていきます。

大手だからいい、というわけではない

それでは、管理会社を間違えないためのポイントは、どこになるでしょうか？

これは、判断が難しいところです。

たとえば就職の面接と同じで、仮にいいことを言っていても、実際に一緒に働いてみなければわからないところがあります。

有名な、大手の管理会社であれば間違いないのかと聞かれても、そうとは言いきれません。残念ながら、大手であっても、きちんと管理ができていない支店やフランチ

ャイズはあるのです。

管理会社に任せてみたのに管理ができていない…といったことがあれば、先述したように、管理会社を替えてみることも検討してみてください。

サブリース（空室保証）は契約書をじっくり確認してから

サブリース（空室保証）にも気をつけてほしいところです。たとえば契約で、

「5年間は空室保証します」

と言いつつ、5年目以降はそのときの情勢によって変動します、と補足として小さく書いてある場合もあります。

この場合、保証額を一気に減らされて収支が合わなくなるといったケースもあります。ある銀行の不動産融資で破産者が増えたのは、空室保証をしている業者が悪質だったため、と言われています。

サブリース契約の条文に、「〜までしか下げません」「5年目以降はこの金額、10年

目以降はこの金額…」とはっきり表示されているならいいのですが、「そのときによって変動する」といった旨が書かれている場合には、注意が必要です。

今は大丈夫だから、先々も大丈夫だろう、と考えてしまいがちですが、実際にはそんなことはないので、気をつけたい部分です。

サブリースにすると、基本的に10％程度の費用を支払うので、90％前後の家賃が5年ほど保証されます。それ以降は85％といった数字であれば十分です。

または、はじめの5年の期間に解約できるようなら問題ないでしょう。これなら、管理会社を替える対応ができます。

空室保証を5年ごとに見直すにもかかわらず、契約が10年、20年、30年といった契約になっている場合は、解約したことによって家賃の数ヵ月分を支払うことになるケースもあります。不動産会社や管理会社にとって、非常に都合のいい契約になっている場合もあるので、契約の条項にはよく目を通しましょう。

区分マンションか？
1棟収益物件か？

キャッシュフローのマイナスを避けるには、
1棟収益物件がいい

アパートやマンションを不動産投資の対象とする場合、そのなかの1部屋だけ購入して賃貸に出すパターン（区分マンション）と、建物ごとまとめて購入して賃貸に出すパターン（1棟収益物件）があります。

区分マンションと1棟収益物件のどちらがおすすめかと言えば、やはり1棟収益物件です。なぜなら、1棟収益物件のほうが、キャッシュフローがプラスになり、土地付きなので資産価値があるからです。

また、リスクヘッジとしても、1棟収益物件にはアドバンテージがあります。

区分マンションを1部屋持っている場合、それが空室になれば収入がゼロになりますが、1棟収益物件には複数の部屋があるので、1室から2室が空室になっても、空室によりローン返済ができなくなる可能性は低くなります。

ですから、購入できるようであれば、1棟収益物件を所有するようにしましょう。

1棟収益物件を購入できる人、できない人

1棟収益物件を購入できるかどうかには、大きく2つの目安があります。

まずは自己資金があること。もうひとつは、一定以上の年収があることです。

基本的に金融機関からは、物件価格に対して自己資金を2割入れることを求められます。たとえば1億円の物件を購入するのであれば、最低でも2000万円を用意する必要があるのです。

さらに諸費用が7％、つまり700万円もかかるので、2700万円を用意できることが、この物件を買えるかどうかの目安でしょう。

5000万円の物件を頭金2割で、と考えるのであれば、頭金1000万円と諸費用350万円で、1000万から1500万円の自己資金が目安となります。

なお、共同担保に差し出せる不動産資産を持っている場合は、全額手元資金でなくても構いません。共同担保として提供できる分を差し引いた金額を手元資金から出せばいいので、500万円から1000万円の自己資金で済む場合もあります。

これは、2棟目・3棟目と買い増しをする人、自ら買うのが1棟目でも相続によってすでに物件を所有している人が、当てはまるでしょう。

一方、1棟収益物件を購入できない人は、「自己資金を用意できない人」ということになります。区分マンションであれば、自己資金がなくてもオールローンで購入できる場合もあるでしょう。

区分マンションは、1棟収益物件と比べて手軽に始められそうな印象がありますが、ここまで本書を読んだ方であれば、前にお話しした空室リスクを考えたときに、確かな資産形成とはいい切れないと理解できますよね。

購入できる人であれば、はじめから1棟収益物件を選んだほうがいいでしょう。

1棟収益物件はどれくらいの金額から購入できる？

1棟収益物件は、安ければ2000万円台から売られています。

ただ、3000万円台から購入できるものと思ったほうがいいでしょう。入居づけが安定し、キャッシュフローが成立するのが、3000万円台からだからです。3000万円以上の物件であれば、月に数万円程度のキャッシュフローが可能です。

なお、物件の金額が安くなれば安くなるほど利回りが高く、収益性が高いのですが、キャッシュフローが成立するエリアからはずれてしまい、空室リスクが発生する可能性が高くなります。もしくは、築古の物件のため、修繕費用がかさむリスクも考えられるのです。

収益物件は、諸々のバランスが大切です。立地がいいわけではなく、駅から遠くても、入居づけの根拠があって高い利回りが期待できるのであれば、いい物件と言えるでしょう。参考にしてください。

こんな物件は不動産投資に向いている

最優先は、「1棟のアパート・マンション」

投資用不動産にも、新築・中古、戸建て・集合住宅（アパート、マンション）があり、集合住宅なら「区分」で購入する場合と「1棟」で購入する場合とがあります。それぞれの買い方で、おすすめのもの、おすすめしないもの、おすすめであればその優先順位をお話ししましょう。

まず、新築の区分マンションはあまりおすすめしません。

前にお話ししたとおり、物件価格が高いためローン返済額が大きく、キャッシュフローがマイナスになりがちだからです。

同じ区分でも、中古マンションであればおすすめします。家賃の下落が落ち着き、物件価格が下がって利回りが上がっているので、キャッシュフローがプラスになりやすいからです。

戸建ても悪くはありません。なぜなら、土地があるからです。ちなみに区分マンションの土地の評価は「敷地権」なので、明確な土地の評価はありませんが、1棟ものも戸建ても、「土地付きの建物」です。つまり、土地が積算評価の対象となり、将来的には共同担保として買い増しをしていくことも可能だということです。こういった理由から、わたしは「戸建てもあり」と考えています。

あえて順位をつけるとしたら、最優先は1棟のアパート・マンション、次に中古の区分マンションと中古の戸建てという順になるでしょう。

タイプ別のキャッシュフロー比較

「中古の区分マンション」のキャッシュフローとその要因

本項では、同じ1億円程度の物件について、

①中古の区分マンション（3室で約1億円）
②中古の1棟マンション（頭金あり）
③中古の1棟マンション（共同担保でフルローン）

の3パターンで、キャッシュフローの実例を紹介します。
キャッシュフローがどれだけ違うか、参考にしてください。

①中古の区分マンション（3室で約1億円）

立地…東京23区内
価格…3440万円（1室）
ローン条件…金利2％、融資期間30年（月返済額12万7149円）
家賃収入（月）…14万5000円
修繕積立金（月）…△1万1870円
管理費（月）…△5440円
固都税（月割）…△6000円
収支…△5459円

これは「中古」の区分マンションですが、月のキャッシュフローがマイナスになっています。区分マンションは、中古であってもキャッシュフローが出にくいこともある、ということですね。

ポイントは、2つあります。

まずは、不動産価格に利益を乗せているかどうかです。

これは、不動産業者が手持ちの物件を売る場合に多く見られます。取引形態が「売主」か「媒介（仲介）」なのかも、確認するといいでしょう。

もうひとつのポイントは、「都内（23区内）の物件は利回りが低い」ということです（14万5000円×12ヵ月÷3440万円≒5・0％）。

利回りが低いうえに、修繕積立金や管理費の支払いもあるため、なかなかプラスになりにくいという背景があるのです。

「中古の1棟マンション」のキャッシュフローとその要因

②中古の1棟マンション（頭金あり）

立地…神奈川県

価格…1億1440万円（融資金額8500万円）

ローン条件…金利1・5％、融資期間35年（月返済額26万2250円）

家賃収入…76万3000円

ランニングコスト…△8万8800円

収支…42万1950円
こちらは、①とはまったく異なり、大きくキャッシュフローが出ています。

要素として大きいのは、物件価格がリーズナブルなために表面利回りが約8％あることと（76万3000円×12ヵ月÷1億1440万円≒8・0％）、約3000万円の頭金を入れているために返済額を抑えられていることでしょう。

ちなみに、ランニングコストには固定資産税＋都市計画税、物件の清掃費や共有部分のメンテナンスといったものが含まれます。

エレベーターのない物件のランニングコストは家賃の10％ほどであり、エレベーターがある場合はそこに保守管理代が上乗せされます。

なお、不動産業者によっては、ランニングコストを含めずに説明することがあるので、注意しましょう。

「中古の1棟マンション（共同担保）」のキャッシュフローとその要因

③中古の1棟マンション（共同担保でフルローン）

立地…東京23区内
価格…1億3900万円（共同担保を入れてフルローン）
ローン条件…金利2・2％、融資期間30年（月返済額52万円7000円）
家賃収入…82万9000円
ランニングコスト…△8万3000円
収支…21万9000円

③はキャッシュフローがプラスですが、②よりも少なめです。
要因は、フルローンにしていること、利回りが②の物件よりもやや低いこと（82万9000円×12ヵ月÷1億3900万円≒7・1％）、借入金利が高いことがあげられます。

ただ、同じ23区内の①とは違い、キャッシュフローがプラスになっていることは、大きなポイントではないでしょうか。

利回りは高いほうがいいけれど、バランスが大切

区分マンションと1棟の物件とでは、キャッシュフローが大きく違うことが明らかになりましたね。そもそも、区分マンションの利回りが低いことが要因です。

区分マンションを購入するときは、10％ほどの高利回りのものを購入すればキャッシュフローが出ることも多く、実際にそのような買い方をしている人もいます。

でも、利回りが高いということは、たとえば立地が悪いといった、マイナスな要素が隠れている場合も多いのです。

立地が悪ければ、入居づけが困難になります。

ですから、利回りだけで判断せずに、特に需給バランスも見るようにしましょう。

#「売却益（キャピタルゲイン）」をメインで考えない

値上がり益自体は喜ばしいこと

本書のメインテーマは、不動産投資による「私設年金づくり」です。

少子高齢化がますます進展していくなかで、国の年金に依存しない老後を送れる状態になるために、不動産投資をぜひ活用していただきたいのです。

私設年金づくりの観点で不動産投資を語ろうとすると、どうしても優先したいのは「長期保有」と「賃料収入（インカムゲイン）の確保」ですが、不動産投資による収益としては、買った金額よりも高く売却する「売却益（キャピタルゲイン）」も大切な要素です。

ですから、本項では売却益（キャピタルゲイン）についてお話ししておきたいと思います。

以前、新築の木造アパートの物件を購入して、半年経った頃に売却したところ、2000万円の利益が出た人がいます。

とても魅力的な話ですよね。

利益を趣味や旅行に使うのもありですし、利益を元手にさらなる不動産投資の拡大につなげるのも、夢が広がる話です。

長期保有、賃料収入（インカムゲイン）重視で考えよう

ただ、売却益（キャピタルゲイン）は予想がつきません。邪《よこしま》な業者が、

「この物件は絶対に値上がりします！」

といった誇大広告を打つこともあります。

そもそも投資の世界では、絶対に

「かならず値が上がる」

といった言い方をしてはいけません。

もちろん、なかには精緻な分析のもと、確信を持って値上がりしそうな物件を紹介している業者もいるかもしれません。

一方で、よく考えれば価値のない物件を「上がる」と言って勧誘してくる、詐欺まがいの業者がいることも確かです。

このようなことをされると、不動産会社、不動産事態のイメージが悪くなってしまいます…。

やはり、大切なのは賃料収入（インカムゲイン）。

将来のために「私設年金」を用意するには、物件を所有し続けることが第一優先です。

一度売却してしまったら団体信用保険がなくなり、生命保険としての機能もなくなってしまいます。

投資家さんに万が一のことがあっても、団体信用生命保険によってローンのない収益不動産を遺族が受け取り、暮らせるためのキャッシュフローを出し続ける状況がなくなってしまう、ということです。

売却益（キャピタルゲイン）は、状況によって「たまたま」得られるものであり、毎回狙うべきものではありません。

キャッシュフローを得ながら、生命保険の効果も享受しつつ、将来の「私設年金」をつくるという、不動産投資の3つの大きなメリットを、決して見失わないようにしましょう。

家賃の滞納が発生したとき

保証会社と契約してリスクを減らす

不動産賃貸業で気が重いことと言えば、「入居者が家賃を滞納すること」ではないでしょうか。

キャッシュフローに影響が出てしまったり、取り立てをしなければならなかったり、このまま滞納したら退去してもらうしかなかったり…と、心配ごとは、いくつでもあげられますね。

家賃の滞納に関しては、基本的に賃貸保証会社に対応してもらうことになります。

賃貸保証会社は、入居者と賃貸保証契約を結び、家賃の滞納が発生した場合は入居者に代わって、オーナーに家賃を支払う保証をしている会社です。

保証会社に加入しておくと、滞納によるキャッシュフローへの影響を回避することができます。


わたしが所有している区分マンションでも、7ヵ月間家賃を滞納している入居者がいました。でも、賃貸保証会社から家賃は入ってきているので、オーナーとしても管理会社からしても、特に不安がない状態です。

先日、家賃の支払いができないとのことで、ついに強制執行がかかり、翌月には退去してもらうことが正式に決まっています。

なお、退去の際には残置物の撤去といった費用負担も発生しますが、保証会社によっては残置物の撤去費用は保証の対象にならないこともあるようです。

わたしが利用している賃貸保証会社では、24ヵ月分の滞納まで保証をしてくれます。今回は、7ヵ月の滞納で済みました。また、オーナーであるわたしと入居者が直接顔を合わせることがないので、余計な手間が省けました。

管理会社がどのような保証会社を利用しているのかということも、大切な要素なのです。

家賃滞納があったときの実際

前述したとおり、わたしが利用している賃貸保証会社は、24ヵ月分までの家賃滞納を保証してくれますが、実際のところそれで足りるのか、実務的に見ていきましょう。

一般的に、家賃の滞納が始まった3～4ヵ月目あたりから、退去に向けた手続きを始め、そこから1ヵ月ほど準備に時間がかかるので、解決するまで6～7ヵ月かかるものと考えておくのがいいでしょう。

24ヵ月まで時間がかかるケースは、そうそうありません。

いずれにしても、保証のしっかりしている会社を利用できれば安心です。

中古物件を購入する場合、既存の保証会社と入居者間の契約を、新築物件なら、管理会社に保証会社の保証内容をそれぞれ確認しましょう。

地域や建物の構造を見極め、自然災害への対処も忘れない

地域ごとに利回りは異なり、建物の構造でも利回りが違ってくる

前にお話しした物件ごとのキャッシュフローの例で、利回りの大切さを感じていただけたのではないでしょうか。

利回りは、地域によって異なりますが、たとえば、東京都の新築物件は、今は4～5％が一般的です。

この利回りでは、融資の返済やランニングコストによって、ほぼゼロになってしまうでしょう。

神奈川県は東京都と比較すると、もう少し利回りが高くなります。ただ、同じ神奈川県内でも地域によって異なり、横浜市の中心部は低くなっています。

埼玉県も同様で、全体的に東京都よりも利回りは高いのですが、大宮駅周辺は物件価格が高いため、利回りが低い状態です。

また、建物の構造によっても利回りは変わってきます。

一般的には木造物件の利回りが高く、鉄筋コンクリートは低い傾向にあります。鉄筋コンクリートは建物の価格が上がってしまうために売価が上がり、利回りが低くなるからです。

ちなみに、利回りが低いからキャッシュフローが出ない、利回りが高いから優良物件、ということではありません。

また、利回りには単に賃料収入（インカムゲイン）を物件価格で割った「表面（グロス）利回り」と、修繕費などの諸経費を引いた収入を物件価格で割った「実質（ネット）利回り」があります。

自然災害は、火災保険や地震保険でカバーする

地震はもちろん、それにともなう津波も怖いですね。それ以外の自然災害には、台風もあります。最近では台風も大型化していて、2019年に千葉県を相次いで通過した台風15号・19号が大きな被害をもたらしたことは、記憶に新しいところです。

基本的に、銀行から不動産投資ローンを受ける場合は、火災保険に入ることが必須になっています。火災保険は火災だけではなく、台風や突風といった自然災害で被害を受けた場合にも適用されるので、さまざまな賃貸経営にまつわる災害リスクを防げるでしょう。

なお、地震や噴火、津波を原因とする損害については、火災保険の対象外です。なぜなら、地震などによる損害は、損害保険の損失計算ができず、損害額が莫大になると考えられているからです。

地震による損害が心配であれば、地震保険にも加入しておきましょう。地震保険は単独のものではなく、火災保険の特約として加入するものです。

もちろん、融資を受ける、受けないにかかわらず、火災保険、地震保険には加入してください。

物件の立地によって、火災保険への加入内容は変わってきます。

たとえば、川が近くにあるのなら、水害に対する建物への保証を手厚くしていたほうがいいでしょう。火災保険は、内容をカスタマイズできるので、ハザードマップも見ながら必要な補償を考えておくと安心です。

第４章

物件選びのポイントは?

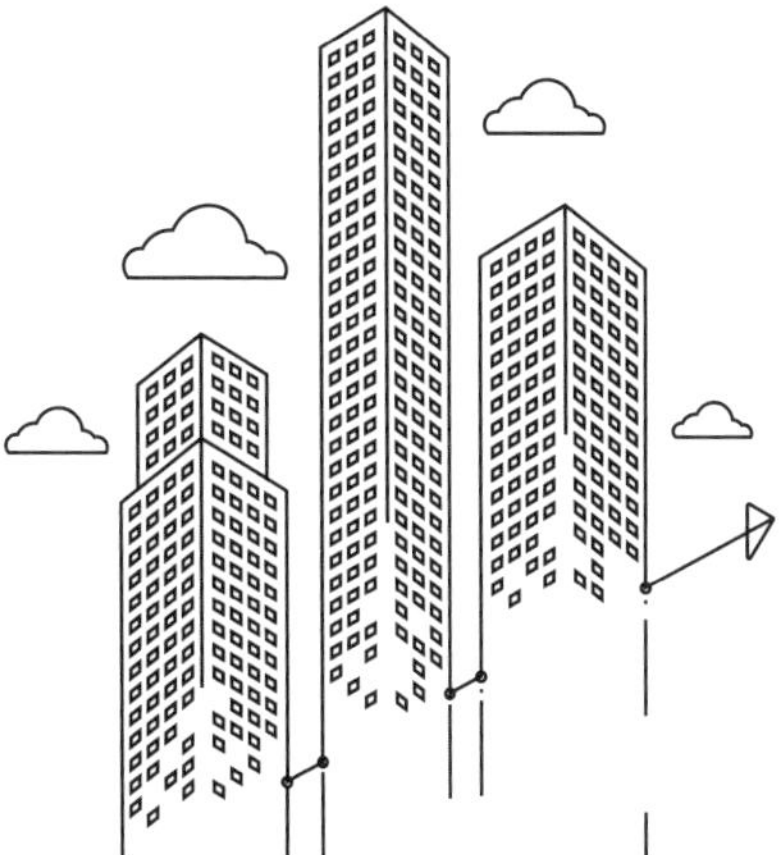

不動産の価格判断の方法

出口まで見据えて投資をしよう

ここまで、不動産投資の基本や失敗しないための知識についてお話ししてきました。

本章では、実際に物件を選ぶときのポイントを、実務的な側面から解説します。

不動産投資の基本は長期保有であり、売って利益を得ることの優先順位は高くありません。

ただし、複数の物件を持っていて、不測の事態のときにどの物件を売ればいいのか、もしくは売りやすいのか、を知っておく必要はあるでしょう。つまり、「流動性」を考えて購入することも、考慮に入れておくべきです。

一般的に、数千万円から1億円前後の物件であれば、買う側も融資を受けやすいので、売却しやすくなります。

一方で、2億〜3億円以上の物件については、購入できる人が少ないこともあり、「出口」が狭まって苦労することがあります。

将来の売却も視野に入れるのなら、1億円前後の物件を購入するのがいいでしょう（もちろん2億〜3億円以上であっても、立地がよく、長期的に人流を見込めるいい物件であれば、話は別）。

地域の特性を見極める

弊社では、主に東京都の物件を扱っています。

1都3県の範囲内にある物件が多いのですが、やはり東京寄りです。

でも、神奈川、埼玉、千葉が投資に向かないというわけではなく、地域ごとに特性があり、その特性を見極める必要があります。

大切なことなので繰り返しになってしまいますが、不動産投資の最大のリスクは空室です。空室を避けるために、入居づけの根拠を探ることが必要であり、たとえ駅から遠かったとしても、入居づけの根拠があれば満室になることが期待できます。

入居づけの根拠になる例をもう一度まとめておくと、たとえば単身者向けの物件であれば、近くに大学や工場があれば入居づけは安定する可能性が高いでしょう。また、駅の乗降者数といった「駅の力」も関係してきます。

空室状況も判断基準なので、購入するときに満室であれば安心です。

空室がある場合には、管理会社の管理が悪いせいで起きている可能性も考えられますので、管理状況をチェックしましょう。

もともと住んでいる人が少ない地域も空室が起こりがちですが、人口が多くてもアパートやマンションが乱立していれば、供給過多で空室になる確率が上がってしまいます。

まわりのアパートやマンションの空室状況も、忘れずに確認してください。空室が多ければ、需給バランスが崩れたエリアと言えるため、避けたほうがいいでしょう。

こんな物件には要注意

実際に物件を見て、細部まで確認すること

物件を選ぶときには、実際に見に行くことをおすすめします。

不動産会社を信用することも大切ですが、購入するものは高額な物件です。

最近はグーグルマップで外観を確認することもできますが、特に1棟ものの物件を買うときには、実物を見ておいたほうがいいでしょう。

近くでよく見たら、建物に亀裂が入っていた、ということもあります。

建物の歪みや傾きも、実際に見なければわかりません。

他には、たとえば満室であるとアナウンスされていても、本当に人が住んでいるの

かも確認しておきましょう。

具体的には、電気のメーターが動いているか、ガス栓が開いているかをチェックすることで、人が住んでいるかどうかが明らかになります。

建物のチェック

これまでにも「外壁」の話をしましたが、中古物件の場合、屋上の防水の状況（防水されていないと、塗装がはがれている）、建物のクラック（亀裂）の有無も確認しましょう。

そして、修繕履歴を見ることを忘れずに。履歴を見ることで、物件購入後の費用発生が予想できます。

消火器の期限管理や消防点検がきちんとしているかも、確認しておくべきでしょう。消防点検については、物件を購入したあとにきちんと点検していけばいいことではありますが…。

エレベーターがある物件なら、エレベーターの不具合も確認してください。

物件のなかに入ったときに、天井にシミがあれば、雨漏りがあることが想定されます。水は建物の大敵ですから、しっかりとチェックする必要があるのです。

また、長い期間空室の物件は、排水管からにおいがすることがあるので、こちらもチェックしてください。気がついたら、購入後の管理先に対応をお願いしておきましょう。

入居者のモラルも確認する

入居者のモラルも確認するといいでしょう。ゴミ置き場が荒れていないか、共用部にモノが溢れていないか、駐輪場の自転車が乱雑ではないか、といった「ちょっとした視点」から入居者のモラルを探ることは可能です。

駐輪場の自転車の停め方を見ることによって、モラルのある入居者が入っているかどうかを判断できます。

不動産投資物件を選ぶために押さえておきたいこと

4室以上ある1棟物件を選ぶのがおすすめ

不動産投資ローンの完済まで投資物件を持ち続けるのは、老後の私設年金をつくるためです。そして、ローンの返済が終わったときに、その目的を達成する準備が整います。

無事にその状況を迎えるには、所有してからずっとキャッシュフローがプラスの状態を保つことです。途中でキャッシュフローがマイナスになるようなことがあれば、最悪の場合、手放さなければならないことも…。

ですから、キャッシュフローが出ない不動産投資は、避けなければならないのです。

たとえば、1室退去しただけで自腹を切らなければならないような、キャッシュフローの脆弱な1棟物件や利回りの悪い物件をつかまないことです。

物件をしっかりと見極めたうえで、キャッシュフローの見込める1棟マンションを購入しましょう。

そのためには、できれば4室以上ある1棟物件を選ぶのがおすすめです。

銀行も、複数の選択肢から選ぶようにしよう

キャッシュフローが出ない場合は、不動産業者から銀行をひとつしか提案してもらえなかったために、融資条件がよくなかったのかもしれません。

ですから、どれくらい多くの銀行を紹介してくれるのかは、不動産業者を見極めるポイントになるのではないでしょうか。

銀行を選ぶ際も、複数の選択肢があったほうがいいでしょう。

不動産業者としては、「ここしかない」と判断したうえで銀行をひとつだけの提案

をしている場合もあるので、一概に紹介してくれた数で評価できないのかもしれません。

ただ、他に提案できる銀行はないか、念のため聞いてみてください。

特に、年収が高い、自己資金をたくさん持っている、といった属性のいい人がひとつの銀行しか提案されないのであれば、疑問に感じてもいいでしょう。

ひとつの銀行しか提案しない明確な根拠があれば問題ありませんし、根拠を丁寧に説明してくれるのならいいのですが、さらっとしか説明してくれない場合は、気をつけましょう。

ワンパターンな提案の場合、なぜそこに固執するのか、疑問を持ってみてはどうでしょうか。

不動産選びは不動産業者選び

プランを聞いてくれて、選択肢を提供してくれる業者を選ぼう

不動産会社を選ぶ際には、物件にしても銀行にしても、選択肢が多いかどうかをポイントにするのがおすすめです。

特にデベロッパーは、自社の新築マンションしか売らないので、投資家の目的やプランに寄り添った提案をしてくれるとは考えにくいところです。

会社の関係で販売できる物件が決まっていれば、提案の選択肢は少なくなります。それでは、投資家としてメリットを感じられないでしょう。

選択肢がたくさんあるなかから、相談しながら物件を決めさせてくれる不動産業者

を選ぶべきです。
投資家のプランに合わせて進めてくれるような不動産業者が、不動産投資には不可欠であると言えます。

不動産投資は、たとえば難しい勉強をして医師免許をとり、医師になったような人でも、なかなか物件の見極めができないもの。
特にはじめての不動産投資であれば、まったく利益の出ない区分マンションを購入して、失敗してしまう人が多いのです。

せっかく相談に行ったのに、投資家の目的はそっちのけで、単に業者が自分たちの利益になるものだけを売るから、そのようなことが起こるのでしょう。

不動産業者は、会社が大きい、上場している、有名、といったことに惑わされない基準で選んでください。
初心者は、知名度がある会社を優先してしまいがちです。

もちろん、大手だからこその安心感はあるでしょうが、それがすべてではないということです。

投資する側のこちらがどうしたいのか、といったことをしっかりヒアリングしてくれる業者、自分のプランを聞いてくれたうえで、それに合ったものを提供してくれる業者を、ぜひ選んでいきましょう。

不動産業者とのいいお付き合いで、未公開物件を紹介してもらう

いい関係を築くことで恩恵を受けられる可能性も

①いい物件に巡り合えている人、②利回りが高い物件で収益が出ている人は、本気で情報収集をしています。

不動産業者も人間なので、いいお客様にはいい物件を紹介したいと思うもの。不動産業者とのいい関係を構築すれば、良質な物件情報が入ってくることがあります。逆に、不快に思われるような態度をとるような人には、いい情報が入ってきません。

不動産業者も、本当に購入したくて、不動産の物件について真剣に向き合っている

人と契約したい、と思うものでしょう。

仲介手数料を値切る人もいるようですが、手数料は不動産業者としての報酬であり、これを値切られてしまうと、

「自分たちのサービスは価値が低い」

という判断をされているように感じてしまうので、やめておくべきです。これは、不動産営業も経験もしているわたしの意見です。

わたしたちもプロとして、仲介手数料以上のサービスを心がけています。もし不満があるときには、率直に何に困っているのかを伝えるようにしましょう。お互いに信頼関係を深めていける「ウィンウィン」の関係が、お客様と業者の理想型と言えます。

投資用物件は自宅の近く？地域は関係ない？

フィルターをかけることで、選択肢が狭まってしまう

不動産オーナーのなかには、

「自分がいつでも見に行けるように、自宅から近い投資用物件を持ちたい」

と考える人もいます。確かに自宅の近くなら管理はしやすいので、それはそれでいいのですが、

「絶対に自宅の近くでなければダメ！」

というフィルターをかけてしまうと、自宅から遠い良質な物件があったときに、見逃してしまうことになります。

エリアなどの条件を絞ることでチャンスを逃してしまうかもしれませんし、そもそもその物件にオーナー自身が住むわけでもありません。

わたしは、このことをかならずお客様に話して、ご理解いただくようにしています。絞り込みすぎず、バランスよく物件を見たほうが、いい物件にめぐり合える可能性が高くなるからです。

他にも、東京都内の物件、いい立地の物件、駅が近い物件といった希望がいろいろ出てきますが、フィルターをかけすぎるといい物件には出合えなくなるものです。

一方で、金利のような、数字的な面は気にしておく必要があります。

相場の感覚を持つことは、不動産投資を成功させ続けるために必要な要素なのです。

もっとも注意が必要な物件とは？

事故物件は大丈夫？　違法建築には要注意

いわゆる「事故物件」は、「大島てる」というサイトに事故物件として載ってしまっていると、融資に影響はします。

でも、載っていなければ大きく響くことはないので、基本的には問題ありません。

ちなみに事故物件は、嫌がる銀行もあれば、まったく問題にしない銀行もあります。このあたりは、銀行によって異なるところです。

なお、事故物件ではありませんが、特に不動産投資の初心者の人は違法建築、借地、再建築不可といった物件は購入しないようにしましょう。

そもそもこれらは、銀行の融資が出にくい物件です。

違法建築物件は、販売するときに業者が伝えなければいけない重要事項にあたります。

重要事項のなかで、「違法建築」といったキーワードが出ていないか、気をつけてチェックしましょう。

ボロボロの物件でも大丈夫？

リノベーションで優良物件になることもある

投資物件は、キレイであることに越したことはありません。

でも、ボロボロの物件だからキャッシュフローが出ない、というわけでもありません。

これまでも伝えてきましたが、不動産投資はバランスが大切なのです。

ボロボロの物件でも利回りが高ければいいわけで、リノベーションをすれば化けることもあります。

不動産投資ローンに加えてリフォームローンを併用できれば、リノベーションすることもできます。

もし不動産投資ローンを借りた銀行がＮＧであれば、別の金融機関から数百～1000万円ほどをリフォームローンとして借り入れることも可能です。

どこまでお金をかけるのかは、どこまで収益を得られるか、採算を考えて対応していきましょう。

物件選びのポイント～その他～

主要なポータルサイトで物件を探そう

投資用不動産のポータルサイトには、楽待、健美家、HOME，Sといったものがあります。

それぞれのサイトで物件が重なっていることも多いのですが、今一番掲載数が多いのが、楽待です。

もちろん、楽待に載っていない物件がHOME，Sに掲載されていることもありますので、まんべんなく、バランスよくチェックするのがいいでしょう。

利回りと借入金利の黄金比
（イールドギャップ４％以上の物件を選ぶ）

投資物件の利回りと借入金利の差（イールドギャップ）が、キャッシュフローの源泉となります。

イールドギャップが大きければ大きいほど、キャッシュフローも増えていくので、かならずチェックしましょう。

それでは、イールドギャップは最低でもどれくらい必要でしょうか？

イールドギャップが5％以上のものが好ましいのですが、物件価格が高くなっているため、４％台が普通になってきています。

ただ、区分マンションであれば、イールドギャップ４％はなかなか実現できない数字です。

これは、1棟収益物件を購入したほうがいいことの根拠でもあります。イールドギャップが4％以上かどうかを、ひとつのポイントにしましょう。

第5章

不動産投資を始めよう！

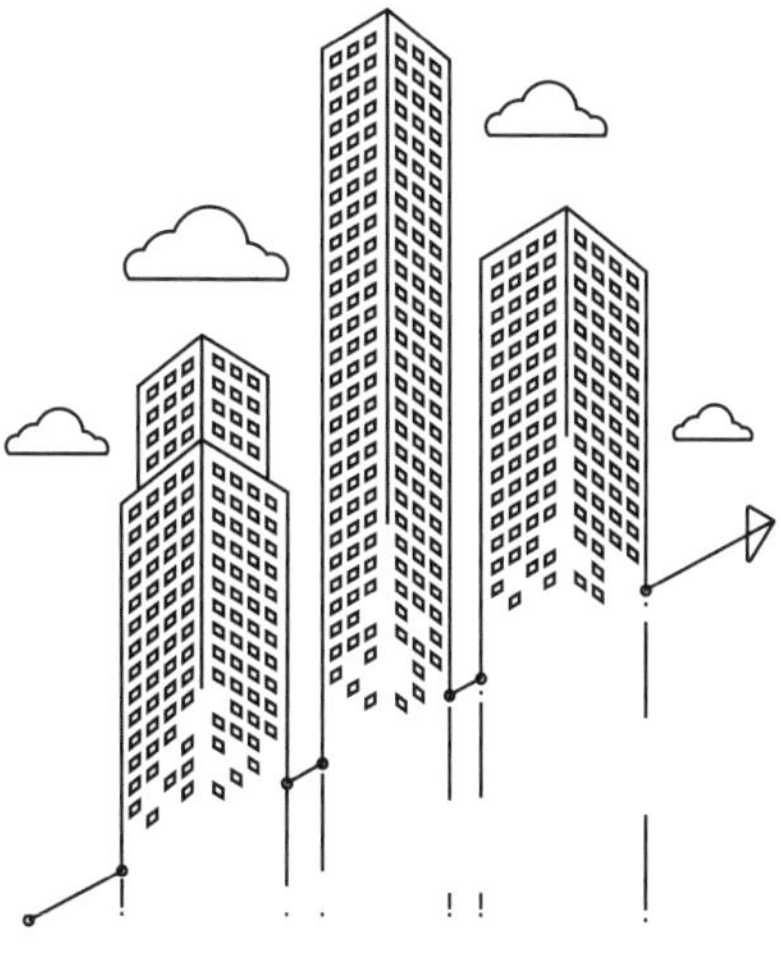

不動産投資に関わるさまざまな費用とは？

不動産投資の初期コストとランニングコスト

最終章は、いよいよ不動産投資を始めるときに、知っておかなければならない税金などの話、銀行を利用するときの話をします。

まずは、不動産を買うときにかかる初期費用です。


初期にかかる諸費用として、基本的に、仲介手数料が3％と6万円＋消費税、火災保険の費用、司法書士にお願いする登記費用、銀行に支払う事務手数料があります。

土地の価格×1.5％、建物の価格×2％の登録免許税、司法書士に払う手数料も初期費用です。

そして、売買契約書に貼り付ける収入印紙を購入し、契約書に貼り付けます。ここで支払うお金を、印紙税といいます。印紙税額は売買金額によって異なり、まだ不動産売買については軽減措置があって、本来の税額の約半分になります。これも初期費用のひとつです。

以上を合算すると、初期費用は物件価格の7％前後の金額になります。

なお、購入してから数ヵ月後、「忘れた頃にやって来る」3％の不動産所得税を納めます。厳密には初期費用ではありませんが、出費を予定しておきましょう。

ランニングコストである固定資産税・都市計画税（「固都税」と略されることが多い）も、忘れてはいけません。固都税は、土地の広さや建物の築年数によって変わってきます。

不動産投資の目的はキャッシュフローですから、「かならずかかるコスト＝ランニングコスト」を知り、収支管理をしっかりと行いましょう。

また、印紙税のように軽減措置が適用されるものもあります。必要なお金は出しつつも、利用できる制度は活用しましょう。

上手なお金の借り方＝銀行をうまく利用する方法

銀行によって融資の基準が違う

よくある質問に、

「収入によって借りられる金額は違うのでしょうか？」

というものがあります。

住宅ローンは年収の7倍まで借りられると言われていますが、不動産投資ローンは、銀行によっては最大で年収の10倍ほどまで借りることができます。

つまり年収が７００万円であれば７０００万円、１０００万円であれば1億円まで借りられる計算になります。

でも、賃借人からオーナーが受け取る家賃が返済の元手になることを考えれば、年収の倍率に重きを置かない銀行のほうがいいのではないでしょうか。

物件の担保評価で融資をしてくれる銀行が、好ましいと言えます。

投資家の不動産投資を行う目的や、今後の買い増しのプランによって、どのような取り組み姿勢の銀行がベストとは一概には言えませんが、担保評価を重視する銀行から借りられたほうが、将来的に買い進めやすくなるのです。

銀行融資の審査基準がどうなっているのか、確認する分には差し支えありません。わからないことがあれば、教えてもらいましょう。

メガバンクは融資の条件が悪い

銀行によっては、ある借入額（1億円など）を超えると、支店決裁ではなく本部決裁になるので、提出を求められる資料が増えたり、審査が厳しくなったりすることもあります。

金額が増えれば審査も厳しくなる、と認識すれば、決して不思議なことではありません。そういうものだ、と考えましょう。

ところで、ある銀行は一定の金額以上は融資しない、という決まりがあると聞いたことがあります。

地方銀行や信用金庫といった金融機関の棲み分けにかかわらず、銀行の独自の基準があることも。また、同じ銀行でも、支店によって基準が変わることもあるのです。支店長が変われば方針が変わる、とも言われます。

不動産投資ローンに関しては、メガバンクの利用は基本的には考えないほうがいいでしょう。融資期間が短く、キャッシュフローが出ない可能性が出てくるからです。お金を借りる金融機関の「格」を考える必要はありません。忙しいなかでせっかく相談しても、望ましい結果にならないことが多いからです。

○○な人は融資が受けられない

消費者金融を使っている人、所得を下げすぎている個人事業主はＮＧ

銀行から不動産投資ローンを借りようと思っている人に、知っておいてほしいことがあります。

それは、消費者金融の借り入れがあると、印象が悪くなってしまうということです。

もちろんケースバイケースでありますが、銀行によっては、借り入れがある人には、積極的に融資をしてくれないこともあるのです。

また、個人事業主の人は毎年確定申告するわけですが、経費をたくさん計上して所得をあえて少なくしている人は、金融機関の審査が通りにくくなってしまいます。

結果として、不動産を購入できなくなってしまうので、不動産投資を考えているのなら、スタンスを変えたほうがいいでしょう。

納める税金は少なくなっても、銀行からの評価は低くなってしまうことを知っておいてほしいのです。


銀行によって異なりますが、個人事業主の場合は所得が400万~500万円なければ話が進みません。

400万円でも、まだ選択が狭くなってしまいます。

節税と所得を高く設定することの両立はできないので、わたしは所得を一定の金額以下にはしないようおすすめしています。


たとえば年収が700万~1000万円だったとして、税金を納めたくないからと、300万~500万円の経費を計上し、諸々の控除をした結果、所得を100万~300万円にしてしまうことは、不動産投資においてとても危険なことです。

ただ、所得が100万円でも多くの金融資産を持っていれば、ローンを組める場合もあります。

住宅ローンであれば返済比率（ローンの年間返済額÷年収）で何％以上、とシンプルなのですが、一概には言えないのが不動産投資ローンの難しいところです。

極端な例ですが、年収ゼロでも自己資金のみで、無借金で不動産経営をする場合、

①キャッシュフローからの収入がある

②借入金への支払いが不要

③物件を担保にする必要がなく、仮に不動産経営に失敗しても手元に物件が残るというメリットがあります。これは「自己資金」を持つ人だから享受できることです。

お金を貸す側からしたら、

・プラスに評価できる現金、収入、資産は多いほどいい

・マイナスの評価になってしまう借金は少ないほどいい

とシンプルに考えるものです。消費者金融からお金を借りている人と、所得の少ない個人事業主は、かなり難しいことを知っておいてください。

売買契約書では、この2点に注意

「瑕疵担保責任（契約不適合責任）」についての知識を知っておこう

不動産投資物件を所有するなかで、およそ10年に一度は大規模修繕をしたほうがいい、と一般的には言われています。

もし20～30年経っていても大規模修繕を一度もしていない物件であれば、購入したあとで大きな修繕費を負担しなければならないリスクを背負うことになります。

ただ、売主が大規模修繕の履歴を開示してくれない、といったケースはあります。

また、「現況売買」、つまり「現在あるがままの状態で物件を引き渡す」ということが売買契約書に記載されているケースも多いでしょう。

この場合、もし物件に大きな欠陥があったとき、買主は泣き寝入りをしなければいけなくなってしまいます。

このようなことがないように、投資家は物件をしっかり見て、納得して、購入する必要があるのです。

そのうえで何かが起こったなら、仕方がありません。

「何か」があったときのために、売買契約書上「瑕疵担保責任」はかならずつけておくべきものです。

なお、数年前の民法改正で、今は「契約不適合責任」という名称に変わっていますす（本書では、「瑕疵担保責任」と表記しています）。

「瑕疵担保責任」は、業者と一般人では扱いが異なる

瑕疵担保責任とは、「物件の欠陥や不具合について、引き渡し後も一定期間は売主が責任を負う」というルールです。

主な瑕疵担保の範囲は、給排水管の故障、雨漏り、躯体、シロアリの4つです。つまり、「外目ではわからない部分」についての責任であると理解しておきましょう。

不動産業者が物件の売主であれば、基本的に2年間の瑕疵担保責任を負うものと定められています。

ところが、売主が一般の人であれば、責任を負う期間は特に決められていません。業者が2年なので、長くても1～2年といったところでしょう。

一方で売主は、

「瑕疵担保責任はつけたくない」

と言ってきますが、わたしが買主の仲介をする場合は、お客様を守らなければいけないので、できれば最低限3ヵ月はつけてもらうようお願いしています。

もしつけたくないのであれば、

「やましいことがあるのかな？」

と様子を見ながら交渉していきます（もちろん、はっきりとは言いませんが）。

ともあれ、購入する際の売買契約書には瑕疵担保責任をかならず入れてもらうよう、気をつけましょう。

ローン特約条項はかならずつけよう

売買契約書のなかでもうひとつの大切な項目である、融資特約（通称…ローン特約条項）についても触れておきます。ローン特約条項を簡単に言えば、買主に対するセーフティネットです。

売買契約の際、買主が売主へ手付金を交付するのが一般的ですが、物件の引き渡し前に売主都合で契約を解除する場合には売主が手付金を倍返しし、買主都合で解除する場合には手付金を放棄しなければならない旨、民法557条に定められています。

つまり、買主が不動産投資ローンの審査に通らなかった場合には物件を買えなくなるので、法律どおりであれば手付金を放棄して契約解除となります。

ところが、このローン特約条項があれば、契約が白紙扱いとなり、手付金は買主に返還されて、契約前の状態に戻ります。

つまりこの条項は、ローンを組めなかった買主を保護するための、非常に強力なルールなのです。

住宅ローンを利用して自宅を購入する場合、ローン特約条項はかならずと言っていいほど売買契約書に登場します。

ローンで投資用不動産を買う場合の売買契約書にも、このローン特約条項をかならず入れるようにしましょう。

管理会社はどう選ぶ？

すぐ対応してくれる会社、良心的な会社を選ぼう

不動産投資を長期にわたって成功させるには、管理会社の役割も小さくありません。

では、どのようなポイントで管理会社の良し悪しを判断するべきなのでしょうか？

まずは、対応が遅いところや修繕・リフォームで金額を大きく上乗せしてくるところには、管理を任せないほうがいいでしょう。

キャッシュフローを得ていきたいのに、出費が増えてしまうようであれば、管理会社の変更を考えなければいけません。


わたしがはじめて購入した物件ですが、前のオーナーが売却をしたいと思ったのは、

物件が火事になったときに高い修繕費を提示されたからだそうです。これがきっかけで、売る決意をしたとのことでした。

このオーナーの場合は、きっかけがあったので売却することになりましたが、なかには高い金額を提示されて、そのまま支払ってしまうオーナーもいると思われます。もともとの金額にどの程度の利益を上乗せするのかは、会社によって対応が異なるでしょう。

できるだけ良心的な会社を選びたいところですね。

管理会社によって満室が決まることもある

弊社はリフォーム会社を抱えている分、弊社が管理する物件の修繕コストを抑えているので、オーナーの皆様には安価で修繕費をご案内できています。

実際のところ、修繕の見積もりが高いのか安いのかは判断が難しい部分があり、わたし自身もわからないところがたくさんもあります。

これが不動産専門の人以外なら、なおさらでしょう。

ですから、管理会社から面倒に思われてしまうこともあるかもしれませんが、ご自身で複数の業者に見積もってもらうのもいいのではないでしょうか。

何社かの見積もりをとったうえで、オーナーへ提示するような管理会社もあるかもしれませんが、それは余裕がないとできないことです。


また、オーナー側からしてみれば、安いに越したことはない、と思うかもしれませんが、安い分、仕事が丁寧でないことがあります。

一番安くはなくても、仕事が丁寧であればいい、といった希望を持つオーナーもいるでしょう。

むしろオーナーの立場からすれば、リーシング（賃貸物件の客づけのサポート）に長けていて、常に満室にしてくれる管理会社のほうがありがたい存在かもしれません。

当たり前の話ですが、空室が多ければ多いほど収入が減るからです。


管理会社の仕事は、できるだけ満室を維持することに加えて、定期的に物件を清掃することも含まれています。

この両方をしっかり行っていくことが、管理会社の仕事であるとも言えるでしょう。実際にやってみると対応はとても難しく、入居者の騒音トラブルといった「人」の生活における問題の解決も、行っていく必要があります。入居者に安全に、安心して過ごせる場所を提供するのも、管理会社の役割です。

また、入居者からすれば、共有部分が汚れていると不快な気分になるものです。キレイな場所を保つことも、欠かせないポイントになります。

このように、オーナーによって管理会社に求めるポイントは少しずつ異なります。自分のニーズを満たす動きをしてくれる管理会社に任せることも、不動産投資を成功させるための大きなポイントと考えましょう。

住宅ローンとアパートローンを併用するときの注意点は？

自宅よりも先に不動産投資の物件を購入することで家賃収入が入ってくる

自宅を持つために住宅ローンを使いつつ、不動産投資ローンも同時に利用したい場合は、すぐに住宅を購入するのではなく、まず不動産投資物件をローンで購入してから、5年から10年くらい後に住宅の購入を考えるのもひとつの方法です。住宅ローンよりも先に不動産投資ローンを組むことで、返済が進んで不動産投資ローンの残債が減り、担保力も生まれてくるからです。

すでにお話ししたとおり、投資物件を共同担保にして、住宅ローンを借りることもできるでしょう。

先に不動産投資物件を購入しておき、順調に返済が進めば、実績も残せるうえ、残債が減ることで物件の担保力も増すので、住宅ローンの融資を受けやすくなります。

ひとつの提案として、住宅ローンを組んで自宅を購入する前に家賃収入をつくっておき、返済原資となる収入を増やすことをわたしはおすすめしています。住宅ローンを組むとき、銀行はローンの返済比率（返済額÷収入）で判断する場合が多いからです。

銀行によっては住宅ローンを組む際に、住宅ローンを重く見ず、不動産投資物件の担保力や物件の積算評価を見る場合もあります。

一方で、年収を元に借入額の上限を考える銀行もあるので、そこは一概には言えません。

どちらにしても、将来的に不動産投資ローンと住宅ローンを併用するのであれば、先に不動産投資を開始し、担保力、資金力、収入を増やしておくのもひとつの方法でしょう。

借入条件を有利にするために必要なこととは？

年収の金額に、融資の基準となる壁が存在する

不動産投資ローンを少しでも有利な条件で借りられるよう、前もってできることはしておくに越したことはありません。

やはり、年収と資金力は、有利に借り入れるためには大切な要素です。

ですから、できるだけ年収を上げる、貯金をする、といったことを目指しましょう。

会社員の立場であれば、すぐに年収を上げようと思っても限界があるかもしれませんが、できるだけ年収が多いほうが有利になるのは間違いありません。

銀行によっては、「年収700万円の壁」「1000万円の壁」といったものが存在

しています。これは、不動産投資ローンを組むために一定以上の年収が必要であり、それ以下であれば足切りをされてしまう、ということです。

銀行も、資金力のある人に貸し出して、回収できる確率を高めたいと思っているのです。

確かに属性を上げることが、融資においては有利に働くのですが、急に上場企業の社員や公務員になるのは無理なことです。堅実にコツコツできることと言えば、次のことではないでしょうか。

・貯金をする
・年収を上げるための努力をする
・できるだけ若いうちに購入する

借入に不利になることは早めに解決しておく

これまでにもお話ししましたが、クレジットカードでリボ払いにしている、キャッ

借入条件を
有利にするためにできること

◎貯金をする
◎年収を上げるための努力をする
◎できるだけ若いうちに購入する

借入において不利に働くこと

●リボ払い
●キャッシング

↓

不動産投資物件の購入を検討しているなら…
・キャッシングは利用しない
・すでに借りている人は、早めに完済

シングしているといったことは、大きく不利に働く要素であり、融資を受け付けてもらえない、といったことも起こります。

区分マンションを買うのであれば、キャッシングを返し終わっているなら購入できる可能性もありますが、1棟収益物件を購入する場合には、直近にキャッシングの履歴があると、借り入れするのが難しくなる可能性があります。

たとえキャッシングを完済しても、単に一時的に返済しただけ、と判断されてしまうかもしれません。

不動産投資物件の購入を検討しているのであれば、キャッシングは不利になるので、利用しないに越したことはありません。

すでに借りている人は、融資を受けられないことがありますので、早めに完済しておいたほうがいいでしょう。

不動産投資ローンの種類

固定、変動金利、それぞれにメリット・デメリットがある

不動産投資は、「手元資金＋金融機関からのローン」でレバレッジを効かせて物件を購入し、少ない資金で大きく「ローリスク、ミドルリターン」の運用をしていくのが王道です。

ですから、「不動産投資ローン」の基本的なことを知っておくことは、とても大切なことです。

まずは、「金利の種類」。金利の種類には、固定金利と変動金利の2種類があります。

固定金利は、完済までの期間、もしくは一定の期間、同じ金利が適用されるものです。借りたあとは金利がずっと、もしくは数年間変わらないので、ローンが始まってから市場金利が上がっても影響を受けないことがメリットです。

一方、取り決めによっては返済を早めることで違約金が発生すること、市場金利が下がっても恩恵を受けられないことが、デメリットと言えます。

なお、固定金利は変動金利よりも金利が高く設定されています。

変動金利は、市況に応じて金利が変動するものです。

固定金利に比べて金利が低く、市場の金利が上昇しなければ返済しやすい点が、メリットです。

ただ、返済額が変動する可能性もあるので、市況によっては返済計画を立てにくいことがデメリットでしょう。

なお、変動金利のもととなる基準金利は、ここ30年ほど変わっていません。

返済期間は「変動金利」「元利均等返済」をベースに

次は、「返済方法の種類」についてです。

ローンの返済方法には、「元金均等返済」と「元利均等返済」があります。

元金均等返済は、借入額を返済回数（35年返済なら420回）で割った金額に、その借入期間から計算した利息を合算し、毎回返済をしていく方法です。

グラフにすれば、毎回の返済額は右肩下がりになります。

借入元金の減りが早く、総返済額が元利均等返済よりも少なくなる点が、メリットです。

ただし、最初のほうの返済額が大きくなる点が、デメリットと言えるでしょう。

元利均等返済とは、借入元金返済と利息返済の合計額を、返済期間で均等になるよう計算して返済する方法のことです。

返済開始から終了までの返済額が同じなので、資金計画を立てやすい点がメリットだと言えます。

デメリットは、最初のうちは返済額のうち金利の占める割合が高いため、借入残高がなかなか減らないことです。

金融機関からは、基本的に変動金利、元利均等返済が提案されます。

将来の金利を読むことは非常に難しいのですが、金利上昇したときの対策を考えたうえで変動金利を選択し、返済額が安定する元利均等返済を利用するのが一般的でしょう。

正しい知識を知って、うまく活用できるようにしておきたいところです。

ローンの金利が上昇した場合には、どうする？

ローンの金利上昇の数字は限度が決まっている

前項でお話ししたとおり、不動産投資ローンの場合、変動金利が基本となります。ローン金利の基準となる金利はここ30年ほど変わっていませんが、ローン金利が上昇する可能性も考えておけば、間違いはありません。

ローンの金利上昇局面は、好景気でインフレ（物価上昇）が起こったときです。インフレが起これば、現物資産の価値が上がります。

こうなると、不動産価格も上がっていきます。

不動産がインフレに強いと言われているのは、そのためです。

基本的には、ローン金利が上がって返済額も上がったとしても、キャッシュフローがプラスであれば、決して不安に思う必要はありません。

物価が上昇すれば、家賃も上がるかもしれないので、キャッシュフローには影響が出ない可能性もあるでしょう。

もし不安であれば、不動産価格が上がったタイミングで物件を売却し、利益を確定させて、ローンを完済してしまうのもひとつの選択肢です。

なお、急激な金利上昇によるローン利用者の破綻を防ぐために、金融機関によっては5年間返済額を変えない、返済額を25%以上は上げない、といったルールを設けています（激変緩和措置）。返済額が急激に上がらなければ、その間に対策を考えることもできます。

利用している金融機関でこのような措置があるかどうか、確認しておくといいでしょう。

家賃相場はどうやって調べる？

媒体を利用して調べることもできる

家賃相場は、ＨＯＭＥ’Ｓや査定書といったもので調べることができます。

ＨＯＭＥ’Ｓなら、サイトでエリアや間取りを入力すると、相場が出てきます。

特定の沿線で、各駅の家賃相場が出てくるのも使い勝手のいいところです。

不動産査定書というものもあり、これは賃貸管理で数多くの取引実績がある業者が基本的に有料でつくってくれることがあります。

家賃相場は、特定のエリアの物件について、個別に見ていくことになります。

ネットで、近隣のエリアではどのくらいの家賃なのか、事例を調べてわかることもあります。

相場はさまざまな方法で調べられるので、サイトを見たり、ときには足を使ったりして、アンテナを高くして確認していきましょう。

「買い増し」のチャンスはいつ？

共同担保に入れて2棟目を購入する

法人で購入して、2棟目を購入するとしたら、法人を育ててから購入するというパターンがあります。

法人でも個人でも言えることですが、返済実績をひとつの銀行、ひとつの物件で育ててから、買い増しをするのがいいのではないでしょうか。

一概には言えないことですが、1棟目の物件を購入してから、5～10年ほど経ったところで買い増しの相談をするのが一般的です。

銀行や物件、お客様の金融資産といった総合的な判断によって違ってきますが、購入した物件を共同担保に入れることで、買い増ししやすくなります。

購入した物件が積算評価の高いものであれば、担保価値が高いということで融資条件がよくなることもあるでしょう。

法人化で事業拡大！法人なら、株式会社？　合同会社？

資産管理法人は、「合同会社」でいい

不動産投資事業が軌道に乗ってきたところで、法人化を考えたいと思っている人も多いでしょう。

法人を設立すると、個人の所得が上がることで税金も上がる事態を避けることができます。

また、買い増しをしていくために、法人の設立によって事業を拡大していくことも視野に入れられます。

不動産投資に関しては、合同会社を設立して資産管理法人として進めていくのが一般的です。

ちなみに資産管理法人は、株式会社である必要はありません。

なぜなら、株式会社の場合、株の発行や信用力が大きなメリットにはなりますが、不動産を所有しているだけの管理会社には、特にメリットがないからです。

株式会社と合同会社では、設立費用と設立の時間が変わりますし、株式会社にすれば、ランニングコストがかならず7万円ほどかかるデメリットがあります。

一方、合同会社には定款も必要ありませんし、登録免許税も安く抑えられるのが利点です。

特別な理由がなければ、わたしは合同会社を設立することをおすすめします。

不動産投資で理想の未来を得るために

それぞれのお客様によって目的は違う

不動産投資物件を購入する人の9割は、キャッシュフローを目的としています。家賃収入をプラスにして可処分所得を上げつつ、ローンの返済が終わったあとは「私設年金」にすることを目的としている人が大半ですし、それが王道です。

ローンで団体信用生命保険に加入し、投資物件を生命保険の代わりに遺せる形にしたい人、買い増しをして月のキャッシュフローを増やし、もっと豊かな生活をしたい人もいるでしょう。

買い増しをしてキャッシュフローを増やし、脱サラをして専業大家に転換するような人もいます。

このように、早くから不動産投資を始めることによって、さまざまな人生の選択肢が生まれてくるのです。

不動産投資デビューするには、まさに30歳くらいがチャンスです！

余裕のある老後を過ごすために

本書は、

「あなたの老後、心配ではありませんか？」

という問いかけから始まりました。

ここまで読んでいただき、

「不動産投資を行うことで、老後が楽しみになった！」

という気持ちになっていただけているでしょうか。

たとえば不動産投資をすることによって、老後は孫にお金をかけてあげられるようになるでしょう。

孫ができたのに、お金がなくて何も買ってあげられない…とはなりたくありませんよね。

そのためには、不動産投資で家賃収入を上げて、お金に余裕がある状況をつくれたらいいのです。

余剰資金が生まれれば、老後に、パートナーと好きなだけ旅行に行くこともできます。


一方で、不動産投資をしなかったときのことも想像してみましょう。

(1) 年金が○○万円くらい
(2) 生活費に△△万円かかる
(3) 年金と生活費の差額が□□万円
(4) ~歳から~歳まで◆◆年間生きるとすると、プラスアルファで○○円必要

これくらいの計算は、しておいたほうがいいでしょう。

現在のライフプランで、資金は足りそうでしょうか?
それとも、難しそうでしょうか?
どのような人生を選ぶのかは、あなた次第です。

不動産投資が心配な人のためのQ&A（まとめ）

不安は取り除いておきましょう

Q 空室リスクが心配です。注意点を教えてください。

A 何部屋が空室になったらキャッシュフローがマイナスになるのかを、確認しておきましょう。

そもそも空室にならないよう、購入前にエリアや近隣の賃貸需要の確認をしておくことが大切です。

Q 投資物件に災害があった場合は、どうしたらいいのでしょうか？

A 災害による被害があったときのために、火災保険に加入しておきましょう。

火災保険は「火災」だけでなく、突風や水害といった自然災害にも対応できます。物件がある地域の環境も考慮して、保険をカスタマイズしていくことをおすすめしています。

なお、地震や津波による火事や建物への被害は、火災保険では対応できません。地震保険にも併せて加入しておきましょう。

Q 水害のある地域の物件なのかどうかが気になります。

A 市区町村が発表しているハザードマップで確認しておきましょう。水害の可能性がある地域であれば、水害にも対応できる火災保険に加入して、備えておくと安心です。

Q 入居者の家賃の滞納の問題が出てきたときはどうしたらいいのでしょうか?

A 入居の条件に、賃貸保証会社との契約を含めておきましょう。

もし、すでに契約されている借主が賃貸保証に加入していない場合は、連帯保証人や緊急連絡先になっている人と連絡をとれるか、確認が必要です。無保証の場合は、弁護士対応になります。

物件購入前に不安があれば、管理会社に家賃滞納時の対応を聞いておくといいでしょう。

Q 絶対に手を出してはいけない物件はありますか？

A 建物が傾いていると感じる物件は、選択肢には入れないようにしましょう。建物自体の安全性が疑われますし、健康面にも影響があると言われているからです。ちなみに、床が傾いているかをどうか調べられるアプリもあります。

満室にもかかわらず、キャッシュフローがトントンの物件も避けましょう。

それから、賃貸需要が見込めない物件、つまり入居者が入る要素が見つからないリスクがある物件も、購入を避けなければいけません。

また、競売物件も注意が必要です。持ち主がローンを支払えなくなったのか、事件性のある物件なのか、瑕疵がある物件なのか、競売の背景を捉えましょう。

競売物件は、瑕疵担保責任が適用されない、物件の調査は裁判所経由しかない、という点で一般の物件とは異なるので、知識を持ったうえで挑んでください。

おわりに～不動産投資でＢｒｉｇｈｔ Ｆｕｔｕｒｅ！～

ここまでご精読いただき、ありがとうございます。

メリットもデメリットも知ることで、１棟アパート・マンションの購入、経営がかなり具体的にイメージできるようになったのではないでしょうか。

わたしは、せっかく不動産投資に興味を持ったにもかかわらず、世間に数多ある情報に惑わされ、物件を検索するだけで終わってしまう人や、せっかく購入してもマイナス経営に陥り、泣く泣く物件を手放すことになった人を見てきました。

本書では、そのような人たちをつくらないために、お金や生活の不安を解消するコツと同時に、情報の見方や捉え方、体験談も交えた具体的な例をお伝えしました。

不動産投資が、あなたの将来に向けた資産形成の身近な選択肢であることが、おわかりいただけましたか？

不動産投資の目的は、収益をあげて、しあわせになることです。

アパート・マンション経営をすることで、いろいろな未来へのビジョンが拡がっていくでしょう。

本書があなたの明るい未来への第一歩となり、具体的な行動の道標となれば、幸甚です。

２０２２年晩秋　南青山のオフィスにて　笠原　翔

[著者プロフィール]

笠原 翔（かさはら　しょう）

ビーエフエステート株式会社代表取締役
1990年、東京都中野区出身。

高校を卒業後、キックボクシングに励み、全日本アマチュア大会で優勝する。

24歳で不動産会社に就職した後、トップ営業マンの成績を残し、わずか1年でビーエフエステート株式会社を創業。経営者から、サラリーマンまで、数多くの層に優良物件や金融機関を提案し、1棟収益不動産投資で成果をあげるクライアントが続出している。

現在は、飲食、美容、IT、芸能、薬局、リフォームなど、6法人11事業を経営。

今後は不動産投資のよさを伝えるとともに、複数の事業を成功させてきた経験を活かし、起業したい人たちのトータルサポートにも力を入れていく。

座右の銘は、「失敗を失敗で終わらせない」。

30代・ゼロから始める！「失敗しない」不動産投資
～まずは「月20万、老後月50万円」入るしくみをつくる～

二〇二三年三月三十一日　初版第一刷

著　者　笠原　翔

発行者　河野和憲

発行所　株式会社彩流社
〒101-0051
東京都千代田区神田神保町3-10大行ビル6階
TEL：03-3234-5931
FAX：03-3234-5932
Email:sairyusha@sairyusha.co.jp

印刷　明和印刷（株）

製本　（株）村上製本所

編集協力　星野友絵・牧内大助（silas consulting）

装丁・組版　（株）クリエイティブ・コンセプト

ISBN978-4-7791-2882-0 C0033

https://www.sairyusha.co.jp